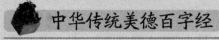

严·父严子立

于永玉 董玮◎编

　　一段历史之所以流传千古，是由于它蕴涵着不朽的精神；一段佳话之所以人所共知，是因为它充满了人性的光辉。感悟中华传统美德，获得智慧的启迪和温暖心灵的感动；品味中华美德故事，点燃心灵之光，照亮人生之路。

天津人民出版社

图书在版编目（CIP）数据

严：父严子立 / 于永玉，董玮编. —天津：天津
人民出版社，2012.3
（巅峰阅读文库. 中华传统美德百字经）
ISBN 978-7-201-07502-0

Ⅰ．①严…　Ⅱ．①于…②董…　Ⅲ．①品德教育—中
国—通俗读物　Ⅳ．① D648-49

中国版本图书馆 CIP 数据核字 (2012) 第 058313 号

天津人民出版社出版

出版人：刘晓津

（天津市西康路 35 号　邮政编码：300051）

邮购部电话：（022）23332469

网址：http://www.tjrmcbs.com.cn

电子信箱：tjrmcbs@126.com

永清县晔盛亚胶印有限责任公司印刷　新华书店经销

2012 年 3 月第 1 版　2012 年 3 月第 1 次印刷

690×960 毫米　16 开本　10 印张　字数：100 千字

定价：19.80 元

中国是一个具有悠久历史和灿烂文化的文明古国，也是举世闻名的礼仪之邦。在历史的长河中，中华民族创造出了绚丽多彩的物质文化和精神文化，为人类的发展和进步做出了重要贡献。其中，中华民族的传统美德被大家代代传承。

那么，什么是传统美德？什么是中华民族的传统美德呢？通常来说，传统美德就是在自觉或习俗的道德规范中，一些被大多数人所接受并实际奉行的，而且在现代仍有着积极影响的那些美德。具体到中华民族传统美德，概括起来就是指中华民族优秀的民族品质、优良的民族精神、崇高的民族气节、高尚的民族情感以及良好的民族礼仪等，是中华民族在历史实践过程中积累而成的稳定的社会优秀道德因素，体现在人们生活的方方面面，涉及政治、经济、文化、意识等领域，并通过社会心理结构及其他物化媒介得以代代相传。

前 言

经过长期的历史沉淀，中华传统美德已融入到中华民族的思想意识和行为规范中，成为社会道德文化的遗传基因，成为整个中华民族文化的精神内涵，也是中华五千年文明史的精髓所在。继承和弘扬中华民族传统美德，可以振奋民族精神，增强民族自尊心、自信心、自豪感和凝聚力，使社会主义道德规范具有更丰富的内涵，让社会主义、集体主义、爱国主义思想等更加深入人心，成为社会主义文化的主旋律。同时，还可以更好地协调人际关系，促进社会主义市场经济的健康发展，形成有中国特色的、适应社会发展的价值观和伦理道德规范。

国民的思想道德状况，尤其是青少年的思想道德状况，直接关系着一个国家、一个民族的整体素质，关系着国家前途和民族命运。目前，我国已进入改革发展的新时期新阶段，德育教育的价值和意义更是日渐凸显。大力弘扬中华传统美德，建设社会主义核心价值体系，促进社会主义文化的发展和繁荣，是建设全面小康社会的主要任务，更是实现中华民族伟大复兴的必然要求。因此，党中央非常注重我国公民道德建设，全社会也已形成了加强和改进思想道德建设的新风尚。

　　青少年是国家的希望，是民族不断发展和延续的根本，因此，青少年德育教育就显得更加重要。为了增强和提升国民素质，尤其是青少年的道德素质，我们特意精心编写了本套丛书——《中华传统美德百字经》。

　　本套丛书立足当前公民，尤其是青少年思想道德教育的现实，将中华民族的传统美德归纳为一百个字，即学、问、孝、悌、师、教、言、行、中、庸、仁、义、敦、和、谨、慎、勤、俭、恤、济、贞、节、谦、让、宽、容、刚、毅、睦、贤、善、良、通、达、知、理、清、廉、朴、实、志、道、真、立、忠、诚、公、正、友、爱、同、礼、温、信、尊、敬、恭、恕、责、仪、精、专、博、富、明、智、勇、力、安、全、平、顺、敏、思、积、利、健、率、坚、情、养、群、严、慈、创、新、变、革、争、谏、诲、齐、省、克、竞、求、简、洁、强、律。丛书内容丰富、涵盖性强，力图将中华民族传统美德的内涵囊括进去。丛书通过故事、诗文和格言等形式，全面地展示了人类永不磨灭的美德：诚实、孝敬、负责、自律、敬业、勇敢……

严·父严子立

2

这些故事在中华民族几千年的历史长河中，一直被人们用来警醒世人、提升自己，用做道德上对与错的标准；同时通过结合现代社会发展，又使其展现了中华民族在新时代的新精神、新风貌，从而较全面地展示了中华民族的美德。

在本套丛书中，为了帮助读者更好地理解这些源远流长的传统美德，我们还在每一篇故事后面给出了"故事感悟"，旨在令故事更加结合现代社会，结合我们自身的道德发展，以帮助读者获得更加全面的道德认知，并因此引发读者进一步的思考。同时，为丰富读者的知识面，我们还在故事后面设置了"史海撷英"、"文苑拾萃"等板块，让读者在深受美德教育、提升道德品质的同时，汲取更多的历史文化知识。

前 言

这是一套可以打动人心灵的丛书，也是可以丰富我们思想内涵的丛书……《中华传统美德百字经》向我们展示的是一种圣洁的、高尚的生活哲学。无论在任何社会、任何时代，给予人类基本力量的美德从来不曾变化。著名的美国政治家乔治·德里说："使美国强大的不是强权与实力，而是上帝赐予的美德。假如我们丢失了最根本且有用的美德，导弹和美元也不能使我们摆脱被毁灭的命运。"在今天，我们可能比任何时候都更应关心道德问题，尤其是青少年的道德问题，因为今天我们正逐渐面临从未有过的道德危机和挑战。

人生的美德与智慧就像散落的沙子，我们哪怕每天只收集一粒，终有一天能积沙成塔，收获一个光辉灿烂的明天。《中华传统美德百字经》中的美德故事将直指我们的内心，指向人性中善良的一面，唤起我们内心深处的道德感。因此，中华民

族的传统美德也一定会在我们的倡导和发扬之下，世世传承，代代延续！

　　全套丛书分类编排，内容详尽、文字优美、风格独具，是公民，尤其是青少年思想道德建设的优秀读物。愿这些恒久流传的美文和故事能抚平我们每个人驿动的心，愿这些优秀的美德种子能在青少年身上扎根、发芽、生长……

严·父严子立

古人很早就认识到，父子关系的稳定和社会的治乱密切相关，父严而子立。因此，历代思想家都十分注重教育子女对社会稳定和个人生活的意义，提出了许许多多的道德理论和行为规范，并把它们作为整个社会道德的核心和基础。

"父严子立，家庭和睦"是传统家庭道德的基本要求。几千年来，中国人把家庭的和睦视为幸福生活的象征，把血缘亲情当做最圣洁的感情，谱写出了一个个优美动人的故事，如"贺若弼成就父志"、"戚继光牢记父训"、"汪辉祖从父教做官先做人"、"司马迁不负父命"等，都生动地展现了父严子立的传统美德。

"父严子立"是古代父子关系最基本的原则。父严不等于刻薄，它包括生养、教育、关怀等；子立不只是赡养，它包括孝养、孝顺、孝敬、继业、弘志等。它们反映了父子间相互的道德责任与义务。

父子是重要的家庭关系，特别是慈孝，是社会道德的核心和基础，孝被称为"百善之首"和"仁之本"。古人极为珍视父子亲情，"哀哀父母，生我劬劳"（《诗经·小雅·蓼莪》）。乌鸦有反哺之恩，羊羔有跪乳之义。慈孝是在血缘亲情的基础上来说明爱育子女是亲代的崇高使命，孝敬父母是子女应尽的义务。

传统道德讲父严子立。父严，即亲代对子代的教育关怀，它不仅是一种哺育之情，更是父母对子女成长的关心、期待、培养和教育，"黔娄尝粪医父痢"、"孟献子囚子"、"柳玭著书诫子"等，事父母恭敬有加，严父爱子情深。"谭嗣同临危救父"、"缇萦上书赎父刑"、"潘综舍命救父亲"等，则反映了奋不顾身救父辈于危难的孝行，千百年来为人们所颂扬。

作为传统道德，父严子立植根于封建宗法社会，因此也必然通过"移孝为忠"为封建社会制度服务。传统道德中的父严子立，提倡子辈对亲长的绝对服从，"父要子亡，子不得不亡"、"天下无不是的父母"。封建社会树立的孝行典范"二十四孝"中，就包含着许多愚昧、残忍的东西，所有这些与时代精神相背离的因素，必须坚决予以否定。但是，父严子立同时也植根于亲子间的血缘亲情，出于维系家庭的和睦和稳定的需要。从这一点来看，父严子立的德行又有其普遍意义。因此，在现代精神文明建设中，应当继承中华民族的这一传统美德，但必须建立在批判、分析的基础之上。

今天，我国社会主义经济建设正处于高速发展的阶段，国家和企事业单位都急需大批量的人才。因此，我们需要继承并把父严子立这一中华民族的传统美德发扬光大，为我国社会主义精神文明建设增砖添瓦。

目录

第一篇

父严子立

严罚子节俭被称道

◎教子莫徒使，先教勤读书。——《王梵志诗》

> 季文子（？—前568年），即季孙行父。春秋时期鲁国的正卿，公元前601年至前568年执政。姬姓，季氏，谥文，史称"季文子"。

季文子和孟献子两个人，分别是鲁国宣公、成公时期的臣子。他们都很重视从子女的言行中把握其思想，并且能够及时地进行有针对性的教育。

虽然季文子在鲁宣公和鲁成公时期为相，但他为人俭朴，连他的夫人也没有华丽的装束，家中也不曾用好粮食喂养马匹。他的这种做派，遭到了孟献子的儿子仲孙的质疑，仲孙对季文子说："您身为高官，自己的妻子不穿华美的衣服，也不曾用好粮食喂养马匹，太小气了。您这样做，国家也不体面。"

对仲孙追求华美奢侈的思想，季文子首先向他解释当官也应节俭的道理，然后又向他讲解怎样才能为国争光。

季文子的话，在仲孙看来简直就是空洞的说教，他根本听不进去。事后，季文子很快就把仲孙的这些话告诉了他的父亲孟献子。

孟献子得知此事，立即派人把仲孙抓了起来，"囚之七日"。

孟献子教育儿子的方法很独特，他既没对儿子进行批评教育，也没采用一般人常用的教子办法，而是关了儿子的禁闭。这一关整整一个礼拜。

儿子产生了错误想法，关他的禁闭，管用么？或许管用，起码可以让儿子一个人在幽静的禁闭室里冷静思考问题，反省自己。

仲孙在禁闭室里待着，到底想没想，到底想了些什么呢？或许，他觉得父亲对自己过于严厉，有些小题大做了，不就是几句闲话吗？值得你这样大惊小怪？

他也或许觉得，父亲是出于对自己的爱护，就像对待小树一样及时剪枝，不然，小树肯定长不好，指望成材，几乎也没有可能。他或许还会看到从窗子斜射进来的一缕阳光，渴望在自由的世界里随意走动。

不过，随便说话是不行的，尤其是不能再随意说哪位大人的生活如何，应该怎么样之类的话，因为自己无法了解别人的内心世界，以及别人的追求与志向等重大问题。当然，仲孙在禁闭室里到底都想了些什么，我们不得而知，所以，也就只能猜测了。

真别说，不管仲孙到底想了些什么，反正孟献子的这一招真收到了意想不到的效果。此后，真的造就了一个节俭的仲孙。

据说，从那以后仲孙的家里，他的妻子身上的衣服不但没有富贵人家那样的奢华。同时，喂马的草料也不过是糟糠瘪稗，从来也不曾用好粮食喂牲口。

仲孙彻底纠正自己错误思想认识的表现，得到了季文子的赏识。后来，季文子推荐他担任上大夫。当然，仲孙能够被重用，注意节俭，廉洁自律，是关键的一点。

◎故事感悟

严于律己，严格教子，从自身做起，从子女生活与思想的细微处发现缺点或错误，并采取相应的办法及时纠正，为子女的健康成长提供良好的环境，这是很重要的。当然，无论是季文子还是孟献子，都在子女教育方面为后人树立了很好的榜样。

◎史海撷英

季文子执政

季文子辅佐宣公、成公、襄公三代鲁国国君，驱逐了权臣公孙归父出境，季氏掌握鲁国的大权。季文子以实际行动，证明了他大权在握而克勤近邦的高风亮节。

据《国语·鲁语》里记："季文子身居位高权重的鲁国上卿大夫，掌握国政和统兵之权，有自己的田邑，但妻子儿女却没穿绸缎衣裳；他家的马匹也不喂粟米。"

孟献子的儿子仲孙不理解季文子的做法，问季文子："你身为鲁国的正卿大夫，可你的妻子不穿丝绸衣服，你的马匹不用粟米饲养。难道你不怕国中百官耻笑你吝啬吗？难道你不顾及与诸侯交往时会影响鲁国的声誉吗？"

季文子答道："我当然也愿意穿绸衣、骑良马，可是，我看到百姓吃粗粮穿破衣的还很多，我不能让全国父老姐妹粗饭破衣，而自己的妻儿过分讲究衣着饮食。我只听说人们具有高尚品德才是国家最大的荣誉，没听说过炫耀自己的美妻良马会给国家争光。"

孟献子知道这个事情后很生气，将儿子仲孙囚禁了7天。仲孙因此受到教育，他改过前非，也仿效季文子的作风。后来，这件事传播出去，在季文子的表率下，鲁国朝野上下开始了俭朴之风，为后世所传颂。

黔娄尝粪医父痢

◎人生内无贤父兄，外无严师友，而能有成者少
矣。——吕公著

> 庾黔娄（生卒年不详），字子贞，南齐名士。

　　南北朝年代，南齐时，河南省新野有一位姓庾名黔娄，字子贞的人。他祖父庾玫曾任巴郡太守，任太守时精明能干，公正廉洁，深得百姓的称赞。他父亲庾易，字幼简，出身于书香门第。幼小时与黔娄祖父的同僚的子女一起，聘一博学多才，官场失意的塾师施雨教书。

　　庾易天赋聪明，过目能诵，吟诗作对，琴棋书画，件件俱能……庾玫见儿子文才出类拔萃，甚是欣慰，量将来必成为国家栋梁，官品必超越自己，会光耀庾氏门庭。

　　南北朝时期，军阀混战，地方势力，争权夺地，战火连年不息。国家政权，皇位也像走马灯似的，今年刘氏称帝，明年萧氏就位。老百姓倒无所谓，谁来当家都是交粮纳税，可当地方官的，就难以见风转舵，八面玲珑了。于是会审时度势的庾玫，辞官回家过安闲日子，又把家从河南省新野搬迁来湖北省的江陵安家。

　　"天有不测风云"。刚把江陵的新居修建好，庾玫突然暴病身亡，家庭景况也就一天不如一天了。

　　此时，庾黔娄还年幼，家庭重担无疑落在庾易肩头上了。

"家无生活计，坐吃如山崩"。眼看庾家的银两、米粮渐渐所剩不多，只够糊口了。为了一家人生活计，庾易不得不出外，谋一官半职了。经朋友举荐，他到一个官营道驿站当了个小官。

庾易性情恬静孤傲，从不巴结官场上有权有势之人，一直孤芳自赏。官虽小，办事认真清廉。由于官小俸禄就少，家境日趋衰败，算是捉襟见肘了。由于他不拍上司马屁，不会阿谀奉迎，反而常常受上司的窝囊气。

更不幸的是，庾易在任期间，忽一日接到家中仆人带来的急信。拆开一看，才知是妻子病重。庾易连忙赶回家时，妻子已奄奄一息、病入膏肓了。尽管请医救治，仍无效，不几天就去世了。

庾易葬埋了妻子，辞掉了官职，安心下来教育庾黔娄攻读诗书经典，把一切希望寄托在儿子身上。

庾黔娄因悲恸母亲之死，经常痛哭不止，也耽误了学业。庾易尽量控制自己，不在儿子面前流露思念妻子的言行。劝儿子明白，人死不能复生，应化悲恸为力量，努力读书，求取功名，以安慰母亲在天之灵。

庾黔娄听从了父亲的教诲，止住悲恸，勤奋读书。加上多才多艺的父亲的精心辅导，文思大进，入学中举，独占榜首。

"十载寒窗无人问，一举成名天下知。"河南省南阳高士刘虬宗举荐庾黔娄，做了南齐的县令官。

庾黔娄上任去治理一个县。这县毗邻伏牛山区，虎、豹、狼逞凶，经常出没农户村庄，拖咬牲畜，甚至伤人。居民惶恐不安，荒芜了田土，危害大，威胁着老百姓的生命安全和正常的生产生活。

当地居民误认为是菩萨有意惩罚群生，只有向山神爷焚香化帛，顶礼膜拜，祈求神灵保佑。庾黔娄实地了解情况后，一方面说服老百姓不要信鬼神，花钱无作用；一方面将群众组织起来，联合防范，成立打猎队去战胜猛兽，用药饵毒杀，或结队捕杀……

没半年时间，由于群众团结起来的力量大，把那些伤人咬畜的猛兽赶跑了。人民安居乐业了，一致称颂庾黔娄为"民之父母"。

这时，庾黔娄也娶了位漂亮、贤淑的妻子牛氏。小夫妻俩共同孝敬孤独的父亲。

庾黔娄在任一年多，改变了那个县的面貌。南齐国君闻知他政绩显著，下诏调庾黔娄任孱陵县令。

孱陵县距离湖北省江陵庾黔娄的家甚远。按当时的规定，官阶品级没达到某一品，是不谁携带家眷的。他本想不去上任，但君命难违。只好离乡背井，抛妻别父去上任，以后看情况再定夺。

庾黔娄临行前，雇了名丫环来陪伴妻子牛氏。并再三叮嘱牛氏，要很好孝敬父亲，料理好家务。是时，家资拮据，还是牛氏去邻居家借得10两银子，给丈夫作盘缠去孱陵县上任的。庾黔娄打点行李，按期长途跋涉上任去了。

万万没有料到，庾黔娄离家赴孱陵县上任，还没满一个月，父亲庾易就在家染病了，肚痛大泻，渐渐发展到拉血脓状的脏便，即是痢疾。

恰在这时，庾黔娄也感到心悸，眼跳，周身溢汗，心绪烦躁，坐卧不安起来。猜疑莫非家里出了什么大事？忙派人骑快马，日以继夜地赶回家探望真情，再赶回县衙报告。

好几天后，派去探消息的专人回衙报告："父亲染重病，病势垂危。"这种说不清、道不明的"遥感"现象是客观存在的，大概是血缘关系或某种基因的感应吧。

庾黔娄马上向上司告假回家探望父亲。在古代，"孝亲"是列为至善大事，连皇上也会准奏的。于是，庾黔娄心急如焚，火速动身返家。本想抄小路，偏遇上拦路抢劫的强盗，搜去了大部分所携银两；后改乘船走水路，又逢打头风，耽误了时间。等庾黔娄赶回家，父亲已命在旦夕了。

医生告诉庾黔娄说："你父亲的脉搏细微，不便确诊了。要对症下药，治你父亲的痢疾，你必须亲口尝下你父亲的粪便是什么味？粪便味苦，就好治

一些；如果粪便味略带甜，就很难医治了。"

庾黔娄为了医治好父亲的病，毫不犹豫地亲口尝了父亲拉的血脓状的粪便。一尝，味甜而又滑腻。

庾黔娄尝了父亲的粪便，泪流满面，双膝跪在医生跟前，哽咽着说："尝了我爹的粪便，吓破了我的胆。粪味不苦，反而略带甜。万万哀求老先生赐良方，挽救我爹一条命呀！"

医生被庾黔娄的孝行所感动，掌握了病理，便下决心认真处方，对症下药，病势慢慢好转。然而几天后，病情反复，庾黔娄的父亲仍不幸去世。但庾黔娄尝粪医救父病的孝行，不胫而走，很快就传开了。南齐朝廷也知晓了，不仅让庾黔娄官复原职，还御赐俸米万钟（钟，古代是器量计，始用于春秋战国时，六石四斗为一钟，属当时的公爵，才有此等俸禄）。

没多久，皇上又下诏，升迁庾黔娄为太守官。

◎故事感悟

过去医疗不发达，所以任何化验的工作都要亲自去做。现在我们可以借用高科技来化验，不用像庾黔娄那样尝粪了。但是，父母对于我们恩重如山，我们欲报之情、欲报之恩，是永远没有办法报尽的。孝是天之经、地之义，孝敬自己的父母是理所当然，是为人子女都应去做的事。

◎史海撷英

南朝·齐

南齐是南北朝时期四个朝代中存在时间最短的王朝，仅维持了23年。

齐高帝萧道成借鉴宋朝灭亡的教训，以宽厚为本，提倡节俭。他在位4年，临死前他要求其子武帝继续按他制定的统治方针管理，并且不要手足相残。

武帝遵父遗嘱，继续统治国家，使南朝呈现一段相对稳定发展的阶段。武帝死后，新任的齐国皇帝却没有按照前辈的方针去做，而纷纷杀戮自己的兄亲、叔侄。至东昏侯时，因其疑心过重，几乎将朝内大臣全部处死。如此一来，朝臣内乱，政治局势不稳，齐国的江山又被动摇。

501年，雍州刺史萧衍起兵攻入建康，结束了南齐的统治。

教子不伤父子情

◎广积不如教子，避祸不如醒非。——林逋

> 孟子（公元前372—前289年），名轲，字子舆（待考，一说字子车或子居）。中国古代著名思想家、教育家，战国时期儒家代表人物。孟子继承并发扬了孔子的思想，成为一代儒学宗师，有"亚圣"之称，与孔子合称为"孔孟"。

孟子是我国战国时期一位大思想家和教育家。

孟子主张不要亲自去教育自己的儿子。孟子有"教亦多术矣"的观点，并具体解释了这种观点下的五种教育方式："有如时雨化之者，有成德者，有达财者，有答问者，有私淑者。"

意思是说，像及时雨水那样滋润、成全品德，培养才能，解答疑问，让学生自己去向以往的榜样学习，都是应有的教育方式。

他甚至认为，自己不去教诲别人，也是一种教诲。比如，放弃对自己儿子的教育。对自己儿子的教育，孟子的主张是异乎寻常、出人意料的。简单地说，就是不要亲自去教育自己的儿子。

听到这番话，他的学生们都傻愣愣地张大了嘴巴，瞪着一双双惊讶的眼睛，不敢有任何反对意见，只有公孙丑敢于说话，他问孟子："君子不亲自教育自己的儿子，这是为什么？这个问题，公孙丑不但提得好，而且恰到好处。

对于公孙丑提出的问题，孟子是这样回答的：

"教育儿子，要用正道正理，如果没有效果，父亲就会愤怒。而父亲一愤怒，就会伤了父子之间的感情。其实，不但父亲要恼怒，连儿子也会有想法的，儿子会反问父亲：您拿正理正道来教我，您的所作所为，却不是出于正道正理。这样，父子感情一伤，父子之间就会产生隔阂。隔阂存在于父子之间，那是最不好解决的。"

孟子认为，天下之本在国，国之本在家，家之本在身。这种看法，与今的"没国哪有家，没家哪有我"的歌词中唱的如出一辙。

家庭成员之间，应当保持一种亲爱和谐的气氛，人人亲其亲、长其长，这样才会"天下平"。也就是说，国家安宁，社会稳定，家庭和睦，是一连串的，哪个环节都是必不可少的。只有环环相扣，天下才能太平。

孟子认为，父子关系在家庭中最为重要。"亲"是其基本原则，考虑到"亲"的关系不被破坏，维持父子之间的亲情，父亲不要亲自去教育自己的儿子。否则，因此造成父子之间的感情破裂，也就会破坏社会的稳定。

◎故事感悟

孟子的"教子不伤父子情"的观点，从大的方面去看，似乎是可以成立的。但是，就现实社会生活来讲，似乎不尽可取。子女的教育是社会性的，家庭，尤其是在教育自己的子女的方面，具有不可推卸的责任。家长在教育子女的问题上事必躬亲，也是应该坚持的必要方式。关键是应该很好地掌握教育的方法及其"度"。坚持对子女进行正面教育，又不伤害彼此之间的感情，这应该是一条基本界限。倘若能由此而增进彼此的感情，那则是再理想不过的了。

家长以身作则，坚持"己所不欲，勿施于人"，做到身教在先，言传在后，坚持"身教胜于言教"，以自身的模范行为影响和感染子女，为子女树立学习的榜样。这样，在为子女灌输"正理正道"的时候，家长也就不至于因自身行为缺乏检点而令子女不服了。当然，也就不用担心"教子怕伤父子情"问题的发生了。

◎史海撷英

孟子的仁政学说

孟子继承和发展了孔子的德治思想，并将其发展为仁政学说，这是其政治思想的核心。他把"亲亲"、"长长"的原则运用于政治，以缓和阶级矛盾，维护封建统治阶级的长远利益。

孟子的主张中，严格区分了统治者与被统治者的阶级地位，他认为"劳心者治人，劳力者治于人"，并模仿周制，拟定了一套从天子到庶人的等级制度。同时，他又把统治者和被统治者的关系比做父母与子女的关系，主张统治者应像父母对孩子那样，关心百姓的疾苦；人民百姓也应像对待自己的父母一样，亲近和服侍统治者。

孟子认为，这是一种理想的政治制度，如果统治者实行仁政，便可得到百姓的衷心拥护；反之，如果不顾百姓死活而推行虐政，就会失去民心而变成独夫民贼，被人民推翻。

孟子仁政学说的具体内容很广，包括经济、政治、教育以及统一天下的途径等等，但其中贯穿着的是一种民本思想，民本思想是从春秋时期"重民轻神"的思想发展而来的。

司马迁不辱父命

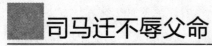

◎父母之所爱亦爱之，父母之所敬亦敬之。——孔子

> 司马迁（公元前145—前87年），字子长，左冯翊夏阳（今陕西韩城）人，是中国古代的伟大的史学家和文学家。他撰写的《史记》被认为是中国史书的典范，因此被后世尊称为史迁、太史公。

在一间冷森森的囚牢里，一个手脚戴着刑具的犯人蜷缩在刑房的角落里。这个犯人就是司马迁。3年前，父亲司马谈去世，他子承父职，在汉武帝手下任太史令。

一天，汉武帝问他对李陵在与匈奴作战中投降一事的看法。司马迁从李陵平时的为人以及当时敌强我弱的形势加以分析，认为李陵是有功之臣，他的投降实属无奈，如果赦免他，那么他将来必为朝廷效命。汉武帝听罢勃然大怒，以"欺君罔上"之罪，把他投入监狱，并判处死刑。

这场飞来的横祸使司马迁悲愤至极。他在牢中凝视着窗外的月光，回想从前。父亲身为朝廷命官，长年从事写史工作，司马迁从小耳濡目染，目睹了父亲为了工作尽心尽力，常年工作至深夜。言教不如身教，父亲对工作的态度在他幼小的心里打上了深深的烙印。

司马迁10岁时，父亲带他到家乡陕西韩城郊外河边，只见奔腾咆哮的黄河向龙门山滚滚冲击。

父亲给他讲了这样一个古代的传说："每年都有千千万万条鲤鱼逆流而上，想翻过龙门山后化为神龙升天，可是那些意志薄弱的鲤鱼都触山而死，只有毫不灰

心、坚忍不拔的72条鲤鱼跃过龙门，成为火眼金爪的巨龙，直向天门飞去……"

公元前110年，司马迁出使西南巴蜀回家时，父亲已病入膏肓。他跪在父亲的病榻旁给父亲端上了一碗汤药，父亲摆摆手，对他说："我死之后，你要接替我的位置，继承祖先的事业。自从孔子死后，至今400多年了，没有一部像样的史书。我身为太史，没能做成这件事，真担心天下的历史资料从此断绝，你要记住我的话，写成一部史书……"

望着弥留之际的父亲，司马迁泪流满面，哭着说："儿虽愚钝，但一定记住完成父亲未完成的事业，写出一部经典史书来。"

狱中的司马迁想到这里，站起身来，两手紧紧攥住窗棂，口中喃喃地说："父亲，我不会忘记您的遗训……我一定要活下来！"

按照汉代的律法，死囚可花大价钱赎罪，但司马迁拿不出那么多钱；剩下的解决办法是接受宫刑，这是对人格的极大侮辱。想到这里，他心中涌起阵阵寒意，这种肉体和精神上的痛苦简直比引颈受戮还要难受百倍啊！但是，为了实现父亲的遗愿，他决心忍受这一切的痛苦。

第二天，司马迁通知狱司转告汉武帝：他愿意接受宫刑。

司马迁受宫刑被释放后，开始发奋写作，每天都工作到深夜。汉武帝征和二年（公元前91年），司马迁终于完成了共130卷、53万字的巨著——《史记》。

◎故事感悟

正是靠着严父的谆谆教诲和临终托付，司马迁才以坚忍不拔的精神忍受宫刑之辱，历尽千辛万苦，终于留给了后人一部被誉为"史家之绝唱，无韵之离骚"的鸿篇巨制《史记》！可以说，司马迁的成就和父亲的教导是分不开的！

◎史海撷英

星象家司马迁

在两汉时期的星象家中，首先要提到司马迁。司马迁是一个伟大的史学家，人们却不知他也是一位对天文星象有很深造诣的专家，只要仔细读其《史记》的《天官书》、《律书》、《历书》就可明白这一点。

像司马迁这样博大精深的文学大师，绝对不会固步自封。古代的史官本来以星历之事为其本职工作之一，故精通星象之学也不足为奇。不过，司马迁能用史学家的高瞻远瞩的眼光，把星象学与历史问题结合起来以"究天人之际，通古今之变"，这可是其他星象家和史学家都望尘莫及的。

司马迁并未用星象学去占测具体的人事变异，而是用来总结历史规律，这不能不说是他对星象学的创造性应用。

◎文苑拾萃

《史记》

《史记》也称《太史公书》，后世通称为《史记》，是我国西汉时期著名历史学家司马迁所编写的一本历史著作。

《史记》是我国古代最著名的古典典籍之一，与后来的《汉书》、《后汉书》、《三国志》合称"前四史"。

《史记》最初并没有固定的书名，被称为《太史公书》，或称《太史公记》、《太史公传》等。而《史记》本来是古代史书的通称，从三国时期开始，"史记"由史书的通称逐渐成为"太史公书"的专称。

《史记》记载了我国上自上古传说中的黄帝时代，下至汉武帝元狩元年，共3000多年的历史。全书包括十二本纪、三十世家、七十列传、十表、八书，共130篇，52.65万余字。其作者司马迁更是以其"究天人之际，通古今之变，成一家之言"的史识，使《史记》成为中国第一部、也是最为出名的纪传体通史。

《史记》对后世史学和文学的发展都产生了深远影响，而其首创的纪传体编史方法更是为后来历代"正史"所传承。

同时，《史记》还被认为是一部优秀的文学著作，在中国文学史上有重要地位。鲁迅称其为"史家之绝唱，无韵之离骚"。

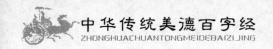
董永卖身葬父亲

◎父之美德，儿之遗产。——中国谚语

> 董永（生卒年不详），东汉时人。据历代县志及《大清一统志》所记，均载为今博兴县陈户镇（汉代千乘董家庄）人。

西汉文帝（即刘恒）时，文帝贤明，善理朝政，陈平、周勃等大臣忠贞不贰，竭力辅佐，致使国家太平，经济日趋好转，人民安居乐业。

当时，有位商人名叫董吉祥，原本是湖北省孝感人。他一直远离家乡，在经济发达、市场繁荣、交通四通八达的苏杭做细软绸缎布匹生意，留妻子与儿子在家守少量祖业田园。

那年，董吉祥得知妻子病重的消息，便暂停生意，处理货物，跋山涉水赶回家中。妻子已病入膏肓，危在旦夕，请医生服药治疗也来不及了。

董吉祥虽东奔西跑，求医寻药，占卦问卜，均无济于事，不几天其妻就一命呜呼了。

董吉祥含着泪水安葬了结发妻子。望着贤淑温柔的妻子如今变成了一堆黄土，他心里万分悲恸。每日他都要到坟前去看一趟，站在墓前沉思默念：几年来我一直在苏杭做生意，丢你一人在家，白日里要料理家务，抚养孩子，应酬内外；到晚来，守着一盏孤灯，熬过多少寒来暑往的不眠之夜啊！你得病了，端汤煎药虽有永儿，但他哪里知晓去请名医诊断司药啊！……都怪我没尽到一个丈夫的责任啦！……想到这些他心中十分忏悔和遗憾。

　　董吉祥父子两人在家待了一年。董吉祥本是一直在外做生意的人，对耕田种地、抛粮下种却一窍不通。他考虑再三，将祖业少量田亩减租佃给他人耕种，关锁好房舍，领着年轻的儿子，仍到苏杭做绸缎布匹生意去了。

　　光阴如白驹过隙，弹指一挥间，三五年就过去了，董永已长大成人了。那年冬季，眼看离一年一度的旧历年关不远了。

　　董吉祥计划带儿子一道回湖北孝感老家走一趟——父子离家多年，好些年没在家过春节了，亲朋好友的关系疏远不少。董吉祥想借春节探亲访友，叙叙旧情，顺便养精蓄锐，以解多年奔波劳累之苦。二来将几年赚得银钱带回家，整修好房舍，多置买些田地，等将来自己年迈体弱时回家坐享晚年，也给儿孙辈多留些产业。三来儿子董永已至弱冠之年了，也该婚配成家了。

　　于是父子商议决定，急速催收账款，结清相关客户账目，廉价处理陈货，暂退租赁的门市……一一办好相关的手续，将行李、货物、钱财收拾停当，董吉祥父子便动身上路了。

　　往日董吉祥穿梭在苏杭做生意，去来乘船的时候较多，都不晕船。不知怎么，这次乘船就变了，董吉祥上船不久就晕船呕吐，头昏眼花，心悸难受。

　　本来他们可以继续乘船沿江而上的，但晕船实在不好过，就上岸走陆路。又雇了两个脚夫挑货担，董永挑银钱，他父亲挎褡裢，慢慢赶路。

　　走了一天，在投宿客栈的当晚，董吉祥的心脏病复发了。次日，就在小镇上买了点药服下，状况似乎有所缓解，就决定继续赶路。

　　据栈房老板告知，前行不远要翻越一座大山，有上下30余里的山坡羊肠小径要走。他们只好又雇一位脚夫挑银钱箱子，董永肩挎褡裢，搀扶着患病的父亲慢慢走。

　　董永搀扶着父亲一步一步爬山路。只见满山坡怪石嶙峋，荆棘遍野，丛林草莽间时时传来野兽的嗥叫声，令人恐怖心惊。

　　一路走走歇歇，晌午过后才翻过山垭，大家都感到又饥又渴。山间旷野，不见村庄客栈，偶尔才能碰上一个行人。脚夫们直嚷走不动了，喊歇歇再走……这时，董吉祥忽然一阵肚子剧痛，无奈，董永挎起褡裢，搀扶着父亲到就近的草丛偏僻处去解手。

没半袋烟工夫，等父子俩回到原歇脚的地方一瞧，几个脚夫，连人带货担、银钱箱子等全部无影无踪了……

董吉祥一看这天降的横祸，一切货物钱财全被几个脚夫抢走了。董吉祥气得捶胸顿足，当场就气昏过去。董永喊人，无人应声，也气得嚎啕大哭……

董吉祥才苏醒过来，父子俩又哭了一场。这荒山野岭，异地他乡，哪里去找那几个没良心的脚夫啊！

天又下雪了，不能在此等着冻死、饿死呀！父子哭了一阵，董永搀扶着父亲一步一步慢慢往前挪。

下山来，已近黄昏了。幸好山麓有个小街场，10来户店铺，店内已掌灯了……

董永挎的褡裢内还有少许散碎银钱，两人宿了栈房，吃了点便饭，董永就询问栈房老板街上是否有郎中，栈房老板摇摇头答道："此处靠近山区，周围10里内皆无呀！"

董吉祥有心脏病，因连日旅途劳累，加上货物银钱被脚夫抢走，病上加气，又无药吃，病更加重了。一连在这小街栈房内住了3天，不见好转。栈房老板的眼睛比老鹰尖，脑袋瓜比狐狸精。见他父子随身只有个凹瘪瘪的褡裢，没多大油水可捞，况且这个病人万一死在栈房内，今后如何招徕客商呢？栈房老板叫他父子结清账快走。董永对栈房老板好话说了千百箩筐都不答应。董吉祥是久跑江湖之人，自尊心很强，一气之下，叫董永仍搀扶着他走……

父子两人走呀走，到下午时分，董吉祥实在支持不住倒下了，双脚一伸告别了人世。董永扑在父亲尸体上哭得死去活来，声音都哭哑了。

董永哭干了泪水。父亲客死他乡，举目无亲，身边褡裢内除几本流水账簿外，银钱所剩无几了。返回老家的盘缠暂且不说，父亲的遗体哪有棺木、衣衾收殓安葬呢？真可谓"福不双至，祸不单行"呀！

次日，董永一人东奔西跑，八方哀求。因人地生疏，跑了几天都没乞讨得安葬父亲的钱。

后来董永找到郭员外家，与郭员外商定卖身为奴来抵债。

董永拿着卖身钱回到瓦窑，买棺材，购衣衾，收殓父亲遗体，在近邻好心人的帮助下，送上山林。董永将父亲安葬好后，才如期去员外家为奴服役。

◎故事感悟

　　《辞海》在"董永自卖"一节中注有"……董永父病死，无法安葬，便卖身为奴，得资殓葬其父……"董永自卖的行为让我们看到了一个孝子对父亲的深情！

◎文苑拾萃

《搜神记》

　　《搜神记》为东晋初年史学家干宝编撰，全书共20卷，共有大小故事454个。作者在《自序》中称："及其著述，亦足以发明神道之不诬也。"故《搜神记》所叙多为神灵怪异之事，也有不少民间传说和神话故事，主角有鬼，也有妖怪和神仙，杂糅佛道。

　　文章设想奇幻，极富浪漫主义色彩。"鬼神信仰"在中国有悠久的传统，它与山川祭祀、祖先祭祀并列。自商周以来，历代帝王无不亲登祭坛祭祀，而记载神鬼传说的典籍，除《楚辞》、《淮南子》外，《搜神记》称得上其中的集大成者。

　　从这个意义上来说，本书为我们保留了不少珍贵的材料，是后人研究中国古代民间传说及神话不可多得的珍本。

诸葛亮训励子侄

◎不厚其栋，不能任重。——《国语·鲁语》

> 诸葛亮（181—234年），字孔明，琅琊阳都（今山东省沂南县）人，三国时期蜀汉重要大臣，中国历史上著名的政治家、军事家、散文家、发明家，也是中国传统文化中忠臣与智者的代表人物。诸葛亮在世时为蜀汉丞相后被封为武乡侯，死后谥为忠武侯，所以被称为武侯、诸葛武侯，此外因其早年外号，也称卧龙或伏龙。

历代位居高官者，事务繁忙，多无暇教诲子弟，而其子弟缺乏训教，又可托庇于父兄余荫，故不思进取，安享富贵者颇多，有些人甚至倚仗父兄权势，横行不法，为祸一方。当然，各代也有一些官员十分重视对子弟的教育，三国时蜀汉的贤相诸葛亮就是其中之一。

诸葛亮辅佐刘备创立蜀汉政权，在刘备死后，执掌朝政大权达十余年之久，平定南中，北伐中原，日理万机，事必躬亲。但在繁忙的公务中，他仍不忘教育子侄，时刻关心着他们的成长。

诸葛亮有两个儿子。诸葛乔本是其兄诸葛瑾的第二个儿子，因诸葛亮婚后多年无子，故过继给诸葛亮。诸葛乔原字仲慎，过继后改为伯松，他"与兄元逊（即诸葛瑾长子诸葛恪）俱有名于时，论者以为（诸葛）乔才不及兄，而性业过之"。但他不幸于后主刘禅建兴六年（228年）去世，年仅25岁。诸葛瞻（227—263年）字思远，是诸葛亮40多岁时才得的亲生儿子。

诸葛亮曾作八务、七戒、六恐、五惧，以训厉臣子。陈寿编定《诸葛亮集》时列为《训厉第六》，唐宋时期尚有《集诫》二卷，如今，仅存《诫子书》、《诫外甥书》等三篇佚文。诸葛亮在《诫子书》中提出对后代在道德修养方面的要求：

夫君子之行，静以修身，俭以养德，非淡泊无以明志，非宁静无以致远。夫学须静也，才须学也，非学无以广才，非志无以成学。淫慢则不能励精，险躁则不能治性。年与时驰，意与日去，遂成枯落，多不接世，悲守穷庐，将复何及！

诸葛亮还特别提到饮酒要适度，不可过量：

夫酒之设，合礼致情，适体归性，礼终而退，此和之至也。主意未殚，宾有余倦，可以至醉，无致迷乱。

这可能是针对当时宴饮中经常为追求宾主尽欢而不加节制的情况撰写的。

此外，他还在《诫外甥书》中谈道：

夫志当存高远，慕先贤，绝情欲，弃疑滞，使庶几之志，揭然有所存，恻然有所感。忍屈伸，去细碎，广咨问，除嫌吝，虽有淹留，何损于美趣，何患于不济。若志不强毅，意不慷慨，徒碌碌滞于俗，默默束于情，永窜伏于凡庸，不免于下流矣！

强调"志当存高远，慕先贤"，不能"碌碌滞于俗，默默束于情"。

诸葛亮不仅以言教，更重要的是进行身教。他自己一生勤勉，为兴复汉室的大业，鞠躬尽力，死而后已。他在给后主刘禅的表奏中说："臣初奉先帝，资仰于官，不自治生，今成都有桑八百株，薄田十五顷，妻子衣食，自有余饶。至于臣在外任，无别调度，随身衣食，仰给于官，不别治生，以长尺寸。"他还在给李严的信中讲："今蓄财无余，妾无副服。"完全做到了在《诫子书》中所说的"俭以养德"。

诸葛亮让孩子从小就在艰苦环境中磨炼，不让他们贪享安乐，而且杜绝他们的特权思想。自己率军出征时，也将诸葛乔带在身边，他在给长兄诸葛瑾的信中说："（诸葛）乔本当还成都，今诸将子弟皆得传运，思惟宜同荣辱。今使乔督五六百兵，与诸子弟传于谷中。"

他期望孩子们能通过自身修养以及艰苦环境的锻炼，都成为国家的栋梁之才。在他临终的那一年，他给诸葛瑾的信中还谈道："（诸葛）瞻今已八岁，

聪慧可爱，嫌其早成，恐不为重器耳。"

诸葛亮不仅对身边的儿子诸葛乔、诸葛瞻以及外甥等严格要求，对于远在东吴的侄子诸葛恪也很关心。他听说孙权准备任用诸葛恪为掌军粮谷一职时，特别写信给陆逊说："家兄年老，而恪性疏，今使典主粮谷，粮谷军之要最，仆虽在远，窃用不安。足下特为启至尊转之。"孙权遂改用诸葛恪统兵。

诸葛乔虽然英年早逝，但诸葛瞻自小在其父的关怀教诲之下，到蜀汉后期已成为执政大臣。他虽然没有父亲安邦定国的智略，但当邓艾攻蜀之时，他拒绝诱降，率军奋力作战，最后与儿子诸葛尚一起战死沙场，为国捐躯，没有辜负父亲的期望。

诸葛亮训励子侄的故事，被后世传为美谈，并以之教育子弟。十六国西凉统治者李暠就曾写诸葛亮训诫以教诸子。诸葛亮告诫子侄的一些话语，如"静以修身，俭以养德"，"非淡泊无以明志，非宁静无以致远"等，都成为历代传颂的名言。

◎故事感悟

诸葛亮在日理万机、事必躬亲的繁忙公务中，仍不忘教育子侄，时刻关心着他们的成长。他不仅以言教，更重要的是进行身教，他鞠躬尽力，死而后已的敬业精神为后世不少名臣终身效仿的典范，也是其子孙后代尽忠事业的座右铭。

◎史海撷英

诸葛亮的青少年时代

诸葛亮的童年时期，正值中国历史上的战乱时期。他三岁多那年，即汉灵帝中平元年（184年），黄巾起义爆发，当权者开始镇压黄巾起义，在镇压农民起义中壮大起来的豪强地主武装之间，为争地盘也开始相互的厮杀和混战。

琅琊郡属徐州，被豪强们当做必争之地，陶谦、吕布、曹操曾先后占据和抢夺此地。徐州战乱不止，诸葛玄一家为避战乱离开家乡，先投奔袁术，后又投奔荆州刘表，最后在襄阳住下来。

诸葛亮17岁时叔父诸葛玄去世，诸葛亮失去了依靠，便带着弟弟诸葛均在襄城西20里地的隆中村安居下来，他购置了一块田产，盖了几间草房，开始过着边耕种、边读书的隐居生活。正如他二十年后在《出师表》中所讲"躬耕于南阳，苟全性命于乱世，不求闻达于诸侯"。

诸葛亮在隆中的生活过了十年，这期间他阅读了大量经史和诸子百家著作，尤其喜欢读《申子》和《韩非子》等法家著作。他被春秋战国时期法家人物的"治世理论"所折服，他深知，在这动乱时期，法家的思想包括其治国经验、法术是最切合、最实用的。他博览群书，刻苦地钻研，使他获得了丰富的政治、军事和历史知识。这十年也是诸葛亮拜师交友、增长见识和学问的过程。

那时，荆州地区相对战乱少，中原地区的学者名士纷纷避乱来到此地。比诸葛亮年长的有大名士庞德公、号称"水镜"先生的司马徽、沔南名士黄承彦（即后来诸葛亮的岳父）等人，他们都成为诸葛亮的忘年之交。这些人思维精密、学识渊博、见解独到，诸葛亮向他们虚心请教，从他们身上学到不少东西。由司马徽介绍，诸葛亮又拜汝南灵山隐士酆玖为师。酆玖熟谙韬略，深通兵法，他传授给诸葛亮三部兵书，这对诸葛亮日后辅佐刘备带军打仗起了极大的作用。

顾恺之焚子券书

◎人家之兴替，在义理不在富贵。——《陆九渊集》

顾恺之（344—405年），字长康，是中国东晋时代的画家，约364年在南京为瓦棺寺画维摩诘像，引起轰动。366年当上大司马参军，392年为殷仲堪参军，405年升为散骑常侍。顾恺之多才，工诗赋，善书法，被时人称为"才绝、画绝、痴绝"，他的画风格独特，被称为"顾家样"，人物清瘦俊秀，所谓"秀骨清像"，线条流畅，谓之"春蚕吐丝"。著有《画论》、《魏晋胜流画赞》和《画云台山记》三本绘画理论书籍，提出"以形写神"、"尽在阿堵中"的传神理论。其与曹不兴、陆探微、张僧繇合称"六朝四大家"。

东晋时期，南方的经济逐渐发展起来，官僚及其子弟经商与放高利贷的现象日趋增多。对这种现象，许多清廉正直的官员颇不以为然，不但不经营，而且还严格约束子女和家人，禁止他们从事这项活动，顾恺之就是其中颇具代表性的一位。

顾恺之，东晋南朝时吴郡吴县（今江苏苏州）人，是当地的著名士族高门，累代出仕。顾恺之历任御史中丞、度支尚书、吏部尚书等要职，并屡次出任州、郡长官。

顾恺之"尚俭素，衣裘器服，皆择其陋者"。这种说法，是对顾恺之生活的真实写照。他崇尚的是勤俭朴素，他穿的衣服以及使用的器物，都是非常普通的。

顾恺之不但在生活上严格要求自己，而且重视对子女和家人的管束，家庭关系融洽，为乡里所称道。

顾恺之有五个儿子，其中三子顾绰不听教诲，经营高利贷，家产丰饶，乡里士族、平民欠顾绰债务的人很多。顾恺之屡次加以禁止，但顾绰执意不改。

顾恺之出任吴郡太守以后，对儿子顾绰说："我经常劝诫你不要放债，也明白贫困是不能过活的。别人欠你的债不还，我在这里做官，可以为你催债。我要是不在这儿为官，将来别人欠你的债，就不好讨要了。你的所有的债券都在哪里呢？"

顾绰听后十分高兴，以为父亲终于也耐不住清贫了，就把一大橱各种文券都交给顾恺之。

顾恺之将文券全部烧毁，并让人宣告远近，说："负三郎债，皆不须还，凡券书悉烧之矣。"

顾绰知道后，连死的心都有了，一连几天都水米不进，但也无计可施。

东晋时期，高利贷盘剥是使平民百姓破产的主要原因之一，而凭借官府势力催讨债务是当时的主要收债手段。

高利贷与官府势力的结合，则逼得百姓无处求生。这样过度压榨百姓是一种竭泽而渔的方式，既破坏了百姓的生存基础，也不符合政权的长远利益。后来，也有不少士大夫对此提出过批评，但像顾恺之这样不顾自家利益，付诸行动的人却极少。

◎故事感悟

顾恺之焚烧券书固然是为维护士族不经商的清高形象，但此举对于管束子女和家人的行为，也有重要的现实的意义。

◎史海撷英

"三绝"顾恺之

顾恺之是我国历史上著名的绘画大家,当时人称为"才绝、画绝、痴绝"。顾恺之的绘画作品,在当时享有极高声誉,谢安曾惊叹他的艺术是"苍生以来未之有也!"

顾恺之曾为南京瓦棺寺绘壁画募得巨款,可见他的绘画作品的价值。在修建瓦棺寺时,顾恺之认捐了百万钱。他在庙里花一个月时间绘画了一幅维摩诘,画完后要点眸子,提出要求:第一天来看的人要施舍10万,第二天来看的人施舍5万,第三天的随意。据说开门的一刻,那幅维摩诘像竟然"光照一寺",令来观的施者们瞠目,于是得到百万钱。

顾恺之的绘画作品内容,除政治名人肖像和神仙图像外,还画佛教图像,这是当时的流行题材。另外,还有飞禽走兽、花鸟等。

他画的名士肖像,改变了汉代以宣扬礼教为主的画风,反映了观察人物的新方法和艺术表现新题材的目的,即离开礼教和政治而重视人物的言论风采。这标志着绘画艺术视野的扩大,为人物画提出了新的标准,即表现人的性格和精神特点。

顾恺之在他的著作论述中,反复强调描写人的神情和精神状态。

◎文苑拾萃

顾恺之的遗存著作

顾恺之生前所著有《启蒙记》3卷,文集20卷,但皆已失传。他的画论在张彦远的《历代名画记》记录里而得以保存了3篇,即《魏晋胜流画赞》、《论画》、《画云台山记》。

顾恺之艺术理论的中心组成部分有传神论、以形写神、迁想妙得等。

"传神",即重视精神状态的表达。他认为,"手挥五弦"尽管是很细致和难于掌握,但比"目送飞鸿"的精神状态和内心活动的表达容易。

在画论中,他明确提出"以形写神"的概念,其目的是达到画品人物的形神兼备。

　　他所提到的"迁想"，是画家观察对象体验生活中的揣摩、体会，以致构思，即想象思维的过程。而"妙得"，就是巧妙地把握对象内在的本质。

　　"迁想妙得"就是做到主、客观的统一和作者与表现对象及读者相互间思想的交融。这些论点，可以说是"谢赫六法论"的先驱，对后代中国画创作和绘画美学思想的发展产生了很大影响。

隋文帝执法惩子

◎十年树木，百年树人。——《管子·修权》

隋文帝杨坚（541—604年），弘农华阴（今属陕西）人。我国古代著名政治家，汉太尉杨震十四世孙，隋朝开国皇帝。他在位期间成功地统一了百年严重分裂的中国，开创先进的选官制度，发展文化经济，使得中国成为盛世之国。文帝在位期间疆域辽阔，人口达到5000余万，是人类历史上农耕文明的巅峰时期。

隋文帝于北周大象三年（581年）代周，建立隋朝。之后，攻灭陈朝，统一中国，结束了中原长期分裂割据的局面。在位期间，他继续推行均田制，扩大垦田面积；重新编定户籍，削弱豪强势力；废除九品官人法，确立三省制，简化地方行政机构，加强中央集权，使国家"令行禁止，上下化之"，"虽未能臻于至治，亦足称近代之良主"。

秦王杨俊是杨坚第三子。在灭陈战争中，他作为山南道行军元帅，督率30总管、水陆十余万人，屯驻汉口，为上流节度，曾降服陈朝的罗喉等，颇受世人赞誉。

后来，杨俊生活日渐奢侈，违犯制度，放债求利，官民怨声载道。隋文帝听说后，派人查办，受牵连的有300多人。但杨俊不思改悔，反而变本加厉。他大规模营建宫室，"香涂粉壁，玉砌金阶，梁柱楣栋之间，周以明镜，间以宝珠"，可谓穷极侈奢。

隋文帝极为愤慨，以骄奢放纵、不知悔改的罪名，罢免了杨俊的官职，将他遣返王府。

王子骄奢，在众臣看来本非大事，隋文帝绳之以法，未免过分，许多人便纷纷前去说情。左武卫将军刘升说："秦王无他错，只是耗费公家的财物营建宫舍罢了。"隋文帝说："法律不能违犯。"没有听从刘升的请求。杨素是隋文帝的重臣，他也说："秦王的过错，不应受到这样的惩处，望陛下仔细斟酌。"

隋文帝毅然说："我是五儿之父，若如公意，何不别制天子儿律？以周公之为人，尚诛管、蔡，我诚不及周公远矣，安能亏法乎？"

◎故事感悟

古代的法律，一般是为了维护统治阶级镇压百姓而设的，但是究其内容对其统治阶层也有一定的约束力，因为统治阶级内部也有不是少清明官吏不畏强权，不计个人安危，秉公执法，因此有"王子犯法与庶民同罪"之说。本故事隋文帝能执法惩子，在封建王朝虽不多见，但从文章中殷之可见做父亲望子成龙和做帝王平四海、求二十年太平的良苦用心。

◎史海撷英

处心积虑篡位登基

"弘农杨氏"家族历代为高官，是汉、魏、北朝至隋唐时期最著名的门阀世族之一。

杨坚出生在这个大家庭，其父杨忠是位名将，久经沙场，屡建奇功，为北周的建立作出巨大贡献，杨忠被赐姓普六茹氏，位至柱国、大司空，封随国公。

青少年时期的杨坚并无过人之处，念书时也不是用功的学生。但他凭借家族的背景和势力，很早便开始了为官生涯，且深得统治者的赏识，杨忠虽无突出的功绩，但地位却扶摇直上，从而引起一些朝臣和贵族的嫉恨。

北周初年，宇文护多次想除掉杨坚都没得逞。周武帝亲政后，宇文宪曾劝他尽早除掉杨坚，内史王轨也认为杨坚有反相，但这些都没引起周武帝的重视，且

还封杨坚的长女为皇太子妃，这样又巩固了杨坚的地位。

此时的杨坚深知自己的处境，他积极利用已有的社会影响拉拢人心，以扩大势力。578年，北周武帝死，宣帝即位，杨坚作为皇后的父亲又升了官，成为大后丞、右司武，旋升大前疑（相当于丞相）。在宣帝外期间，朝内由杨坚主持日常政务。

周宣帝虽年少但昏庸荒淫，修建洛阳宫致使上下怨愤。杨坚便开始做取代周室的准备，这引起了周宣帝的警觉，甚至曾想杀掉杨坚，但杨坚不动声色，周宣帝找不到借口，也不敢随便杀死自己的岳父。

杨坚为躲避周宣帝的监视和猜疑，想暂时离开朝廷到地方执掌实权，内史上大夫郑译知道杨坚的想法，580年周宣帝决定南伐时，郑译乘机推荐杨坚为扬州总管。但大军未出，周宣帝却病死，年仅8岁的周静帝即位。杨坚凭着皇帝外祖父的身份地位，在皇帝侍臣刘昉、颜之仪及郑译的帮助下，伪造周宣帝遗诏，杨坚当上黄钺大丞相，执掌了北周军政大权。

581年，杨坚派人为周静帝写好退位诏书，逼周静帝退位，在百官的"劝进"下穿上了黄袍，登上皇帝宝座。

智分家产诫子自立

◎子幼必待以严，子壮无薄其爱。——袁采

> 姚崇（650—721年），原名姚元崇，后名姚元之，但因要避唐玄宗的"开元"年号之讳，因此改名为姚崇。祖籍江苏吴兴，因先辈世代在陕州为官，遂定居陕州硖石（今属陕县硖石乡）。出身于官僚家庭，年轻时喜好逸乐，年长以后，才刻苦读书，大器晚成。历任武则天、唐睿宗、唐玄宗三朝宰相，有"救时宰相"之称，是中国历史上的著名宰相。特别是在玄宗朝早期为相，对"开元之治"贡献尤多，影响极为深远。

姚崇在唐玄宗开元初年时任宰相，在政治上很有作为，被史家誉为"救时之相"。不过，这里讲的并不是他从政的事迹，而是他为儿子们分家产的故事。

姚崇虽然身为宰相，职高权重，地位显赫，可他一点儿架子也没有，不但他自己这样，对儿子们的管束也极为严格。

一个夏天的晚上，姚崇破例，在庭院的大树下乘凉，一手捻着不多也不很长的胡子，一手摇着蒲扇，对管家说道："你去把彝、异、弈他们哥仨叫来，我有话和他们说。"

管家应声而去，不一会儿就把姚崇的三个儿子叫来了。

那时，姚崇的三个儿子，老大彝17岁，老二异15岁，老三弈13岁。

姚崇整天公务繁忙，即便是在家，也是宾客不断。但他却不放过任何零散的时间，只要稍有空闲，不是手不释卷，就是笔管在手，伏案疾书。当然，

并不是著书立说，而是撰写公文，或是批阅文件，很少与孩子们玩耍。

孩子们也是，只有吃饭的时候同桌，也不说什么，只是低头吃饭。饭吃完了，扭头就走，不是回书房接着读书，就是找个安静的地方温习功课。只有父亲问书的时候，孩子们才来到父亲跟前，各个垂手站立，不敢有任何造次。

其实，即便让这三个孩子淘气，他们也不会。常来他家的官员，都知道姚大人家有三个书呆子，一个比一个呆。不过，姚崇听了官员们这样的议论，不但一点儿也不恼，反倒有些得意。

他心想，小孩子不读书，还能干什么？呆，似乎是个问题。读书，自然是为了进仕，而进了仕，不懂农事，不明白经济，官也当不好。退一步说，即便是做个普通老百姓，也总得能劳动，会干活儿，善于理财理家吧？

姚崇对儿子们的将来已经考虑了很久，今天正好有点空闲，和儿子们交代一下他们往后的生活。

儿子们见父亲半天不说话，只是不动声色地在他们的脸上扫过来又扫过去，都有些紧张。

父亲一贯教诲他们，不管遇到什么事情，哪怕是遇到天大的事情，也应该先看看自己，看自己是不是存在什么毛病或错误。如果是自己身上的问题，不论大小，也不分性质，是必须敢于承认的。然后，该承担责任的必须承担责任，该领罪的必须领罪。相反，如果问题与自己一点儿关系都没有，也要弄明白问题的来龙去脉，以便从中得到借鉴，防微杜渐，警钟长鸣，对修正己。

姚崇好像没有注意儿子们紧张的样子，只是把蒲扇扇动起来，这时，他扇动蒲扇的动作很大，适意的凉风不仅使他自己觉得凉爽，连儿子们也感到凉风扑面，精神为之一爽。

姚崇面露得意，对儿子们说："你们终于明白，要想得到什么，依靠别人也只能一时一事，不能指望永远。而唯一可以依靠的，只有自己。"

听了爹的话，儿子们恍然大悟，借着蒲扇的扇动，爹是给我们讲了一个天大的道理！

姚崇把话转入了正题，他把现有的田产一分为四，除了自己的那份，其余的都平均分给了儿子们，让儿子们自己经营管理，做到自食其力。

儿子们一时有些慌乱，对于这突如其来的变化，他们毕竟没有任何精神准备。但聪明的小儿子弈，悄悄地对不知所措的两个哥哥说："耕田劳作，和下棋一样，棋子怎么摆，究竟摆在哪里，决定着输赢，难道不是吗？"

弟弟的提醒，使两个哥哥想到了自己的名字，老大想到了那个"彝"，是要人走平常或正常的道路，同时更应该懂得遵守法度。想到这里，他镇定自若了。

老二想的是"异"，在他很小的时候，父亲就告诉过他，你要做一个不同于一般的人。父亲给我们分田产，目的不就是为我们走常人不曾走过的路创造条件么？老二的神态很快恢复了正常。

从此，姚崇的三个儿子一边读书，一边经营自己的田地，既是读书人，又是靠个人能力料理生活的人。

◎故事感悟

姚崇给儿子们分田产的做法，确实起到了劝诫儿子自立向上的积极作用。后来，姚崇的儿子们也都继承父辈的遗志，均在朝为官：长子彝开元初年任光禄少卿，次子异任坊州刺史，少子弈开元末任礼部侍郎、尚书右丞，都很有出息。

◎史海撷英

富于心机的姚崇

开元元年（713年），姚崇从同州到新丰觐见唐玄宗，玄宗想任命他为宰相。时任宰相张说知道此事后，指使人对姚崇进行弹劾，玄宗没理会。张说又指使人向玄宗建议，派姚崇当河东总管，被玄宗识破真相，提建议的人险些被斩。

姚崇当上宰相后，张说开始心怀恐慌。一次，想走玄宗弟弟岐王的后门，被姚崇知道，便想利用此事对张说报复。

一天，退早朝后大臣们离去，姚崇独自跛着脚作病状走路被玄宗看到，便叫住他问询。他回答："我的脚坏了。"

皇帝又问："是不是很痛啊？"

姚崇答道："我心里有个忧虑，痛苦倒不是在脚上。"

玄宗又问："是什么意思？"

姚崇说："岐王是陛下的爱弟，张说是辅佐大臣，他们秘密乘车出其家门，恐怕要坏事啊！所以我很担心。"

后来，张说被贬为相州（治所在今河）刺史。

在姚崇的同代人中，张说也是出类拔萃的人物，但他俩之间始终勾心斗角。

据说，姚崇临死前告诫儿子："张说与我嫌隙很深。我死后，出于礼节他必来吊丧，你们可将我平生所用的珍宝器皿陈列出来，他最喜爱这类东西。如果他根本不看，那你们就要做好准备，灭族之灾将来临；如果他看了这些东西，就预示没事，你们可将这些东西送给他，并请他为我撰写神道碑。得到他撰碑文后立即誊写，报呈皇上，并准备好石头立即刊刻。他比我迟钝，数日之后定要反悔；他若派人索取碑文，就说已报请皇上批准，并将刻好的碑给他看。"

姚崇死后，张说前往吊丧，对摆放的那些珍宝器皿，他反复观看。于是，姚崇的孩子们按照姚崇之前所嘱办事，得到了为姚崇撰写的碑文，而且使他索回碑文的计谋落空。事后，张说知道原委后气愤至极，愤怒地说道："死姚崇犹能算计生张说。"

◎文苑拾萃

连昌宫词

（唐）元稹

我闻此语心骨悲，太平谁致乱者谁？

翁言野父何分别，耳闻言见为君说。

姚崇宋璟作相公，劝谏上皇言语切。

燮理阴阳禾黍丰，调和中外无兵戎。

长官清平太守好，拣选皆言由至公。

开元之末姚宋死，朝廷渐渐由妃子。

禄山宫里养作儿，虢国门前闹如市。

弄权宰相不记名，依稀记得杨与李。

庙谟颠倒四海摇，五十年来作疮痏。

潘好礼怒枷其子

◎苟得其养，无物不长；苟失其养，无物不消。——《孟子·告子上》

> 潘好礼（生卒年不详），贝州宗城（今河北威县）人。以明经入仕，历任上蔡县令、监察御史、邻王府长史、司马、知滑州事、豫州刺史、温州别驾等职，是唐玄宗时期著名的地方良吏。他一生"自以直道，不附于人，又未尝叙累阶勋，服用粗陋，形骸土木"，有清俭廉洁、守法严正之名。

开元初，邻王出为滑州刺史。唐玄宗为了管束邻王，特命持法甚严的监察御史潘好礼兼邻王府司马、知滑州事。潘好礼果然不负其望，专以规谏邻王施行善政为己任。"王欲有所游观，好礼辄谏止之"。

一次，邻王同家奴架鹰携犬，要外出打猎。潘好礼听说后，挡道请邻王取消此行。邻王不听，潘好礼就躺在邻王马前，大呼："今正是农月，王何得非时将此恶少狗马践暴禾稼，纵乐以损于人！请先踏杀司马，然后听主所为也。"结果邻王自感惭愧而回。

后来，潘好礼迁豫州刺史。其子想回乡参加科举明经科考试。潘好礼对他说："国法须平。汝若经业未精，则不可妄求也。"

于是亲自考其子经义，结果成绩不佳。"好礼大怒，集州僚笞而枷之，立于州门以徇于众。"豫州官吏看到这件事，皆"惮其清严"，不敢有丝毫违法行为。豫州遂实现大治。

潘好礼因其子经义欠通，即笞而枷之，当街示众，似乎失之苛察。但是他持己待人，均能以国家法度严格要求，这种做法非常值得我们深思。

◎故事感悟

潘好礼对儿子管教十分严格，希望儿子学业有成，因此看到儿子学习成绩不佳时，大怒而加以体罚。这种做法虽然不值得提倡，但从事情的过程中，我们能体会到潘好礼"爱之深，责之切"的真情流露。

◎史海撷英

常胜将军李皋

李皋不光文治上有一套，带兵打仗也是个能手。他母亲去世后，正逢梁崇义造反，李皋被任命为左卫大将军，镇守湖南。

李希烈造反的时候，李皋调任为江西道节度使，他召集将士发布命令："以前立过功但没有申报的可以重新申报，有带兵才能的也可以报上来。"

当时就站出几个裨将申报，李皋观察他们的语气神态，再查实了他们的功绩，认为确实不错，就马上补授他们为大将。于是士气高涨，人人都想立功受赏。

伊慎曾跟随李希烈作战，李希烈造反后，生怕李皋任用伊慎，于是暗中派人赠送盔甲给伊慎，又伪造了伊慎和他来往的信件，故意放在洪州境内。朝廷果然中了反间计，派太监前来诛杀伊慎。

李皋知道伊慎是冤枉的，上表请求朝廷放过他。他把伊慎叫来，勉励他好好杀敌，证明自己的清白。李皋让伊慎当先锋，自己亲率大军跟随，命令伊慎只许成功不许失败。伊慎果然打败了敌人，证明了自己的清白，打消了朝廷对他的怀疑。

敌人在蔡山设立了营寨防守，李皋观察后认为很难攻下。于是他声称要向西攻打蕲州，还准备了许多战船，分兵沿岸跟着船逆流西去。敌人把老弱病残留在营寨里，精锐部队出动救援蕲州，那些人在北岸也跟着李皋的战船走，两军隔江相望。

走了300多里后，李皋命令岸上的人全部上船，顺流直下。敌人都在岸上，根本跑不过顺水的船只，只能眼睁睁地看着李皋他们远去。李皋趁机攻破了敌人

的营寨，等敌人回来的时候，已经整整晚了一天时间。李皋乘他们疲惫不堪的时候发动攻击，将其击败，乘胜攻下了蕲州。

唐德宗贞元初年，李皋到荆南担任节度使，平息了当地的叛乱。李皋行军以来打过十几场大仗，从来没有输过。李皋虽然贵为亲王，但能够虚心接受别人的正确意见，他一向认为改正错误、知人善任是自己应尽的本分。李皋60岁那年去世。

宴客杖子的韩亿

◎爱子莫要于能教，教子者莫贵乎以正。——李惺

> 韩亿（972—1044年），字宗魏，开封雍丘（今河南杞县）人。宋真宗咸平五年（1002年）进士，以善断疑案著称，其他县邑有悬案，皇甫选让韩亿断决，历任大理寺丞、参知政事（副宰相）等职。宋仁宗时累官尚书左丞。有八子，治家严饬，韩绛和韩维官至宰相。

韩亿为人忠正强干，深为范仲淹等人看重。他不仅施政有方，品行正直，而且"治家严饬"。

这里的"治家严饬"一句中的"饬"，一般指的是整治或整顿的意思，那么，在这里应该是治家严整的意思了。

韩亿担任亳州（今安徽省亳县）知州的时候，他的二儿子韩综在河南府任职，从西京（今河南洛阳）前来看望父亲。

韩亿父子久别重逢，非常高兴。礼节性的寒暄过后，谈话进入了正题。父子两个谈了很多的往事，也说起了眼下的一些变化，尤其是讲到了韩家宗族的一些最新的事情。韩综告诉父亲，他的叔伯兄弟韩宗彦新近考中了进士甲科。

听了侄子考中了进士甲科，韩亿大喜，摆设酒宴，请来亲友同事祝贺，韩亿的儿子们也都在座。

宴席在一片喜庆欢乐的气氛中进行着。当酒过三巡、菜过五味的时候，主客畅叙正酣，韩亿似乎想起了什么，突然问韩综道："二郎，我听说西京发

生了审判定罪有问题的事情，这到底是怎么回事？"韩综听父亲这么问，便支支吾吾起来而无法回答。

韩亿又问了一遍，韩综虽然勉强回答，但仍旧没有把问题说清楚。

韩亿见儿子先是支吾，然后又是说不清楚，勃然大怒，不是拍案而起，而是"推案而起"，把正吃喝得热火朝天的酒席桌子给推翻了。

这时的韩亿，已经是恼羞成怒。本来是父子团聚，并与亲朋同事共同庆贺自己的侄子高中进士甲科的喜宴，儿子如果是一般的老百姓也就罢了，可儿子并不是普通的老百姓，而是在河南府任职的官员。

河南府出了审判不公正的案子，你怎么能会不知道也说不清楚呢？当然，除了以上的因素之外，还有就是在这样的场面上出了这样的事情，使韩亿觉得既没面子，又很尴尬，似乎难以下台了。

既然韩综说不清楚到底是怎么回事，那么，我当老子的用棒子打你，看你到底知道还是不知道，到底是能够说清楚，还是死活也说不清楚。

对于韩亿这突如其来的举动，席上众人全都惊得目瞪口呆。

遇到这样的突然变故，在场的人都有些不知所措，这也是很正常的。人们不禁要胡乱猜测，到底是怎么回事？刚才还好好的，大家都在饮酒言欢，其乐融融，怎么突然之间，父子竟然要动起手来？

接着，听韩亿大骂道："你拿着朝廷的厚禄，你担任佐贰官，一个地方的公事，事无巨细，都应当很清楚。如果对于影响很大的案子都不能记得，对于细小的公务就更谈不到了解了。我与你相隔千里之外，那案子与我也没什么瓜葛，我都能听说。你白拿朝廷的钱粮俸禄，有什么颜面报效国家？"

韩亿一边骂儿子，一边举杖就要打。同事们极力劝解，他的怒气才稍微消了一些。

从这个事情上看，韩亿的脾气很大，尤其是对待儿子们，更是不容有丝毫的错误。其实，韩家的儿子们虽然都在外边当官，可在父亲面前历来都是战战兢兢的，由此可见韩家的家法之严。

韩亿共有8个儿子，其中两个官至宰相，其余的也都做过高官。

◎故事感悟

　　韩亿宴客杖子的故事，至今已成为严格教子的佳话。当然，韩亿也是严父的楷模。

◎史海撷英

岳家军大败兀术

　　岳飞刚刚从军时，恰逢金兵南下的他在东京当一个小军官。有一次，他带领一百多名骑兵，在黄河边练兵，忽然对面来了大股金兵。兵士们都吓得不知所措，岳飞却不慌不忙地说："敌人虽然多，但他们不知道我们有多少兵力。我们可以趁他们没准备的时候击败他们。"

　　说着，他带头冲向敌阵，斩了金军一名将领。兵士们受到岳飞的鼓舞，也冲杀上去，果然把金军杀得落花流水。

　　从这以后，岳飞的勇敢便出了名。过了几年，他在宗泽部下当了将领。

　　岳飞率领将士多次打败了金军，屡立战功。到他32岁的时候，已经从一个普通将领提升为节度使，跟当时的名将韩世忠、刘光世、张浚并驾齐驱了。

　　岳家军军纪严明，在行军经过村子时，夜里都在路旁露宿，老百姓请他们进屋，没有人肯进去。岳家军中有一个口号，叫做："冻死不拆屋，饿死不掳掠。"

　　1140年10月，金朝又撕毁和约，发动全国精锐部队，以兀术为统帅，分四路南下大举进攻。

　　岳飞一面派部将王贵、牛皋、杨再兴等分路出兵，一面派人到河北跟义军首领梁兴联络，要他率领义军在河东、河北向敌人后方包抄。岳飞在郾城坐镇指挥。

　　岳家军节节胜利，一直打到距离东京只有45里的朱仙镇。河北的义军得知岳家军打到朱仙镇的消息，都欢欣鼓舞，渡过黄河来同岳家军会合。老百姓用牛车拉着粮食慰劳岳家军，有的还顶着香盆来欢迎，个个兴奋不已。

　　岳飞眼看形势大好，胜利在望，也止不住内心的兴奋。他鼓励部下说："大家共同努力杀敌吧。等我们直捣黄龙府的时候，再跟各路弟兄痛饮庆功酒！"

◎文苑拾萃

海 棠

（宋）宋真宗

翠萼凌晨绽，清香逐处飘。

高低临曲槛，红白间纤条。

润比攒温玉，繁如簇绛绡。

尽堪图画取，名笔在僧繇。

由俭入奢易，由奢入俭难

◎偏怜之子不保业，难得之妇不主家。——《辽史》

　　司马光（1019—1086年），字君实，号迂叟。陕州夏县（现在属山西省夏县）涑水乡人，出生于河南省光山县，世称涑水先生。司马光是北宋政治家、史学家、文学家，历仕仁宗、英宗、神宗、哲宗四朝。他主持编纂了中国历史上第一部编年体通史《资治通鉴》。

　　司马光官居高位，但在生活上严于律己，生活简朴，一生坚持"穿衣为御寒，吃食为果腹"的生活信条，"不敢接受不义之财坏了自己的名声"。

　　为了让儿子司马康认识节俭的重要性，他以家书形式写了一篇文章。其主要内容是：

　　其一，抨击侈靡陋习。他说："古人以俭约为美德。如今的人因节俭而遭到讥笑，实在是奇怪的事。"他列举很多事实，指出近年来出现的讲排场、摆阔气等不良风气横行，甚至连当差的走卒穿的衣服都和士人差不多了，下地的农夫脚下也穿着丝鞋。人们为了酬宾会友，购买山珍海味，添置餐桌器皿。如果不是大操大办，就会导致"人们都争着议论，以为这种人吝啬"。为此，他慨叹道："当权者虽然不能禁止这种不良倾向，但总不至于也跟着奢靡起来吧？"

　　其二，提倡节俭是美德。司马光赞扬当时一些官员的节俭作风，并引用宰相张文节的话说："我今天得到了俸禄，全家能够享受锦衣玉食，有什么不可能？但考虑人之常情，'由俭入奢易，由奢入俭难'的训诫，我今天的俸禄，怎么能够常有？自己怎么能够常存？一旦与今天有所变化，家人已经对奢侈的生活习惯了，不能适应艰苦的生活，必然会不能适应那种我在位与我不在位一样的生活条件的。"

司马光解释道德和勤俭的关系。他说："人的德行，是由勤俭而来。人勤俭，就可以清心寡欲。君子寡欲就不会被物质所奴役，可以坚持走正路。老百姓做到寡欲，就能严格约束自己，坚持勤俭，也就能够远离罪过而使日子富足起来。"

与此相反，"君子多欲则贪慕富贵，枉道速祸；小人多欲则多求妄用，败家丧身"。由于追求奢侈，不尚节俭，"是以居官必贿，居乡必盗"，招致败家亡身，后悔莫及。

其三，切戒奢侈以齐家。司马光为了使儿子进一步认识奢侈的祸害，列举了春秋时期宋国上卿正考父和鲁国大夫季孙行氏的节俭行为，说明节俭对于持家和兴家的重要。他又告诫儿子："西晋时何曾'日食万钱，至孙以骄溢倾家'。石崇'以奢靡夸人，卒以此死东市'。近世寇准生活豪侈冠于一时，结果是'子孙习其家风，今多穷困'。"

司马光教育儿子要节俭，不单是在衣食方面，而是要贯彻到日常生活中。如当他看见儿子读书用指甲抓书页时，非常生气，认真地传授关于爱护书籍的体验和方法：读书前，先要把书桌擦得干干净净，垫上桌布；读书时，要坐得端端正正；翻书页时，要先用右手大拇指的侧面把书页的边缘托起，再用食指轻轻盖住以揭开新的一页。他说："做生意的人要多积蓄一些本钱，读书人也应该好好爱护书籍。"

◎故事感悟

司马光言传身教，把生活节俭看成是与道德品质关系密切的大事。他的儿子司马康虽然官爵不高，历任校书郎、著作郎、侍讲，但亦以博古通今和为人廉洁而称著于世。文中所引的"由俭入奢易，由奢入俭难"这句话，已成为人们用以自诫的至理名言。

◎**史海撷英**

司马光的坎坷仕途

宋仁宗宝元元年（1038年），司马光中进士甲科，从此步入仕途。

他初任奉礼郎、大理评事等小官，后经枢密副使庞籍的推荐，入京为馆阁校勘，同知礼院，改并州通判。宋仁宗末年，又升任天章阁待制兼侍讲同知谏院。嘉祐六年（1061年），再升迁为起居舍人同知谏院。

此时，他开始编撰《通志》，作为统治者的借鉴。治平三年（1066年），完成了从战国至秦《通志》八卷的撰写，上进给宋英宗，英宗下令设立专门的机构续修此书，并提供费用，增补人员。宋神宗以其书"有鉴于往事，以资于治道"为由，赐书名《资治通鉴》，并亲为写序。

王安石在宋神宗的支持下推行新政，司马光竭力反对，与王安石在皇帝面前争论。司马光强调祖宗之法不可变。宋神宗任命他为枢密副使，他坚辞不就。

熙宁三年（1070年），司马光自请离京，以端明殿学士知永兴军（现陕西省西安市），次年退居洛阳，任西京留守御史台，继续编撰《通鉴》，到元丰七年（1084年）完成书稿。书成后，司马光升为资政殿学士。

元丰八年（1085年），宋哲宗即位，高太皇太后听政，召司马光入京主持国政。第二年，司马光任尚书左仆射、兼门下侍郎。他主政期间，几个月内就罢黜了新党，尽废新法，史称"元祐更化"。

司马光执政一年半去世，他去世后，当时京师百姓罢市前往吊唁，乃至有的人卖掉衣服祭奠他。大街小巷哭诉的人数以千万。他的灵柩送往夏县时，百姓哭送他好像送自己的亲人，四面八方赶来送葬者上万，家家都悬挂司马光的画像，每次吃饭前都要祭拜。

◎文苑拾萃

走　索

（宋）司马光

伎儿欲夸众，喜占衢路交。

击组不厌长，缚竿不厌高。

空中纷往来，巧捷如飞猱。

却行欠肤寸，倒絓连秋毫。

参差有万一，齑粉安可逃。

钱刀不盈掬，身世轻鸿毛。

徒资旁观好，曹偶相称褒。

岂知从事者，处之危且劳。

朱元璋严格教子

◎修身岂止一身休，要为儿孙留后代。——陈梦雷

朱元璋（1328—1398年），中国明朝的开国皇帝，姓朱，名元璋，初名重八，后更名兴宗，字国瑞，生于盱眙太平乡（今安徽省明光市明光街道赵府村附近）。俗称洪武帝、朱洪武，庙号太祖，其统治时期被称为"洪武之治"。朱元璋出身平民，早年参与元末起义，并通过连年征战，最终统一中国，建立中国历史上的另一个大一统的明王朝。明太祖在位期间，通过廷杖大臣、废相、设锦衣卫、大杀功臣（也包含惩治贪赃枉法的元勋）等毒辣手段建立起一套维护皇权的体制，正是由于他的这些举措，使得明朝276年时间内没有外戚专权或军阀割据，党争现象亦未形成似唐末"牛李党争"的祸乱。然而，他为巩固君权，于洪武十三年（1380年）胡惟庸案后废除丞相，令权力高度集中于皇帝而臣下权力分散，进而导致明朝后来内臣宦官乱政的局面。

朱元璋以严猛治国而闻名，同时他也是一位严格教子的父亲。

朱元璋共有26个儿子，16个女儿。在众多儿子中，长子朱标被立为皇太子，第九子和第二十六子早逝，其他23个儿子都被封王建国。朱元璋也和普通人一样，希望儿子能成就大业，保住来之不易的朱氏江山。

朱元璋小时候生活很苦，给人放过牛，也讨过饭，当过和尚，也参军打过仗，是从苦日子中一步步走过来的。可他的孩子们就不一样了，几个年长的孩子虽然生在称帝之前，却都年龄幼小，并未经历过磨难。年龄最长的太子朱标，当时也只有10岁，因此明太祖朱元璋把对儿子们的教育当做立国的头等大事。

洪武元年，朱元璋封长子朱标为皇太子。洪武三年，又分封9个年长的儿

子和一个侄孙为藩王。

在这次封藩的第二天，他就亲自为诸王选定了一批"老成明经慎行之士"做诸王的老师。

当年冬天，他还下令建"大本堂"，取古今书籍存放其中，并聘请四方名儒到堂中教授儿子们。

他听说有个名叫李希颜的宿儒隐居乡里，很有名望，便亲自写信，请他来当儿子们的老师。

李希颜学识虽高，脾气却甚古板，皇子们有不听教诲的便要挨打。

朱元璋看到李希颜打他的儿子，很心疼，他抚着儿子被打的额头几乎要发作，被马皇后劝阻，马皇后对朱元璋说："师傅以圣人之道教育诸子，是不可以责怪的。"

朱元璋听了马皇后的话，气渐渐消了。朱元璋想："这正是我所希望的。"

李希颜教习朱元璋的儿子们时间最长，直到他们都陆续长大成人，他才离官还乡。

朱元璋除了为儿子们请高明的老师教授学问以外，自己也从来不放过一切机会对儿子们言传身教。

在儿子们都很小的时候，当时长子朱标才十二三岁，他就命令内侍制成麻鞋和行囊，供儿子们出门穿戴用，并且规定：凡是出城稍远时，年长的儿子们必须"马行其二，步趋其一"。也就是说，可以骑马走一段路，但不可全程骑马，总得步行一段路，以便使儿子们体会到骑马与徒步之间的差异，体会行路的辛苦，不致因环境优越而滋生懒惰。

朱元璋还让人将古代的孝行和自己艰难征战的经历绘制成图册，赐给儿子们，让他们经常翻阅。

朱元璋教育儿子们："富贵易骄，艰难易忍，久远易忘。"所以，他对儿子们的教育也就集中于"勤俭劳苦"四个字上。

朱元璋曾说过这样的话："朕于诸子，常切谕之：一举动戒其轻，一言笑斥其妄，一饮食教之节，一服用教之俭。恐其不知民之饥寒也，尝使之少忍饥寒；恐其不知民之勤劳也，尝使之少服劳事。"

　　朱元璋对儿子们的要求似乎很平常，不过是要求他们在日常生活中注意从自己的一举一动、一言一笑、一食一用上做起，也就是从一点一滴做起。朱元璋此举不但体现出他教子的用心良苦，也从中折射出他的思想境界。

　　洪武元年冬季的一天，朱元璋退朝回宫，让儿子们陪侍在身边。当他们来到宫中一片空地附近时，朱元璋指着那片空地对儿子们说："此非不可起亭馆台榭，为游观之所，但令内使种蔬，诚不忍伤民之财，劳民之力耳。昔商纣崇饰宫室，不恤人民，天下怨之，身死国亡。汉文帝欲作露台而惜百金之费，当时民安国富。夫奢俭不同，治乱悬判，尔等当记吾言，常存儆戒。"

　　皇宫里，有的是亭台楼榭、奇珍异宝、奇花异草，有很多普通百姓从未见过的富丽堂皇的华美与奢侈。对于一片空地，朱元璋却面对儿子们做起了文章，讲的是这片地空着的好处，是用来种菜的。而种菜的人，不用烦劳百姓，充当劳动力的是来自宫内的下人。

　　同时，这片地所以没有建筑亭台楼榭，是害怕因此而劳民伤财。他在讲述了这些之后，还联系到历史上奢侈的反面例子，由小到大，给儿子们阐述了勤俭与奢华之间的利害。这在帝王之家是十分少见的。

　　洪武六年，朱元璋送给每个儿子两部书，分别是《昭鉴录》和《祖训录》。《昭鉴录》中采录了汉唐以来历代藩王善恶事例；《祖训录》则是他平时的训言。他要求儿子们仔细阅读这两部书，并把《祖训录》挂在墙上，目的是能够时刻提醒儿子们以此为训，敬守祖法。

　　朱元璋为了让儿子们受到更多的锻炼，让他们先到老家凤阳生活一段时间，使他们离开宫廷，更多地接触到民间生活。明成祖朱棣后来回忆说："朕少时尝居凤阳，民事细事，无不究知。"

　　因为朱元璋注重家教，他的儿子们成年以后大都很能干。除长子朱标为太子外，二子秦王、三子晋王、四子燕王分别封藩西安、太原和北平（永乐元年改称北京），成为北方防御的支柱。五子周王颇有文才，著《元宫词》百章，又著《救荒百草》，选出400多种可在饥荒时充当口粮的草类，制成图谱，加以注文，不仅可救民饥荒，也是一部植物学专著。八子潭王、十子鲁王、十一子蜀王也都以好学礼士而闻名。十二子湘王文武全才，读书常至半夜，又善弓马，曾开景元阁，招纳文士，校雠图籍。据说他行军时还带上大批图书，俨然有名士之风。十六子庆王也是好学之士。十七子宁王尤以文武全才多智谋而受朱元璋宠爱，他撰有《通鉴博论》、《汉唐秘史》、《史断》、《文谱》、《诗谱》等著作数十种，还通晓音乐戏曲。

明太祖对诸子期望大，管教严，从不姑息。二子秦王多有过失，明太祖对他屡加训责，险些将其废黜，死后定谥号为"愍"。十子鲁王因服金石丹药求长生，毒发伤目，太祖在他死后谥为"荒"，以作惩戒。

◎故事感悟

朱元璋作为一代开国帝王，深知教育子女的重大意义，他注重家教，严格教子，为明朝初期的几代帝王能够有所作为奠定了良好基础。

◎史海撷英

灭元之战

元至正二十七年（1367年）四月，吴王朱元璋命中书右丞相徐达为征虏大将军、平章常遇春为副将军，率军25万，北伐中原。北伐中发布告北方官民的文告，文告中提出"驱逐胡虏，恢复中华，立纲陈纪，救济斯民"的纲领，以此来感召北方人民起来反抗元朝统治。

朱元璋对北伐又作出了精心部署，提出先取山东，撤除元朝的屏障；进兵河南，切断其羽翼，夺取潼关，占据其门槛；然后进兵大都，这时元朝将势孤援绝，不战而溃；再派兵西进，山西、陕北、关中、甘肃可以席卷而下。北伐大军按计而行。徐达率兵先取山东，再西进，攻下汴梁，然后挥师潼关。

朱元璋到汴梁坐镇指挥。明洪武元年（1368年）七月，各路大军沿运河直达天津，二十七日进占通州。元顺帝妥欢帖睦尔率后妃、太子和大臣，开建德门逃出大都，经居庸关逃奔上都。八月二日，朱元璋的军队进入大都，元朝至此灭亡，明朝控制了在长城以内地区的统治权。

◎文苑拾萃

入如来禅

（明）朱元璋

师心好善善心渊，宿因旷作今复坚。

与佛同生极乐天，观空利物来东边。

目有神光顶相圆，王公稽首拜其前。

笑谈般若生红莲，周旋俯仰皆幽玄。

替佛说法近市廛，骅骝杂口拥粉钿。

飘飘飞度五台巅，红尘富贵心无牵。

松下趺坐自忘缘，人间甲子不知年。

戚继光牢记父训

◎孝子之至，莫大乎尊亲。——孟子

戚继光（1528—1588年），字元敬，号南塘，晚号孟诸，山东登州人，一说祖籍安徽定远，生于山东济宁，是明代抗倭将领，军事家。于浙、闽、粤沿海诸地抗击来犯倭寇，历十余年，大小八十余战，终于扫平倭寇之患，是当之无愧的民族英雄。卒谥武毅。

戚继光出身于世代将门之家，父亲戚景通是一位久经沙场、屡立军功的老将，56岁时才得一子，取名继光。老将军晚年得子，对戚继光十分钟爱，但教子极严。

戚继光12岁时，有一天练武回到家中，见工匠们正在修理厅堂。一个工匠对他说："你家世代做官，戚将军功名不小，照例该造一间12扇雕花窗的大花厅，现在你父亲只修一间4扇窗的厅，未免太节省了。"

戚继光听后对父亲说："工匠说父亲官职不小，为什么不修造一间雕花窗的大厅呢？"

父亲摇了摇头说："你小小年纪就贪慕虚荣，将来我这份产业到你手里怕保不住呢！你想想，工匠的话对不对？"

戚继光从小聪明，一下就明白了父亲话里的意思，回答说："孩儿听从父亲教诲，实在不该听信工匠的话。"

第二年，家中要给戚继光订亲。女方家中送来一双非常昂贵的绣鞋，戚继光见了这双鞋，爱不释手。母亲说："看你这般喜爱，就拿去穿吧！"

他穿上绣鞋走到父亲书房，高兴地问："父亲，你看这双鞋漂亮吗？"

父亲一见，皱起眉头，严肃地说："我上次为修大厅的事就对你说过，不要贪图享乐，你现在又犯了！一双绣鞋虽小，但如果你爱慕虚荣享受之心不改，将来当了将军不爱财、不贪污才怪呢！"

戚继光听了红着脸，把绣鞋脱掉说："孩儿知错，这双鞋我绝不再穿。"

父亲又问他："宋代岳飞曾说过什么话？"

"文官不贪财，武官不怕死，国家就兴旺。"

"对，你要终生牢记这句话！认真读书，苦练武艺，将来才能为国立功，干一番大事业！"

几年后，戚继光成为一名文武双全的青年军官。这时父亲正埋头写一部兵书，有人劝戚景通晚年要多置些田产好留给后代，他听了对戚继光说："你知道父亲为什么给你取名继光吗？"

"要孩儿继承戚家军名，光耀门第。"

"继儿，我一生没有留给你多少产业，你不会感到遗憾吧？"

戚继光指着厅堂上父亲写的一副对联：

授产何若授业，片长薄技免饥寒；

遗金不如遗经，处世做人真学问。

他读了一遍后说："父亲从小教我读书习武，还教我怎样做一个品德高尚的人，这是给孩儿最宝贵的财富，孩儿从未想到贪图安逸和富贵，我想早些看到父亲将来像岳飞建'岳家军'一样，创立一支'戚家军'。"

戚景通听了心中十分宽慰，笑着对儿子说："我这部兵书已经完成了，现在我要传给你。这是我一生的心血，将来你用它报效国家吧！"

戚继光跪在地上，双手接过这部《戚氏兵法》说："孩儿一定研读这部兵

法，不管将来遇到什么艰难险阻，我也不会丢弃父亲的一生心血。"

戚景通在72岁时患重病去世，戚继光接到噩耗从驻防地赶回家中奔丧。他在父亲坟上哭着说："继光一定继承您的遗志，为国尽忠，赴汤蹈火，在所不辞！"

嘉靖三十四年，朝廷命戚继光为佥浙江都司，负责抗倭。他组织"戚家军"在6年中九战九捷，威震中外。他曾对人说："我之所以能抗倭取胜，全靠我父亲在世时的谆谆教诲啊！"

◎故事感悟

教子重教德，敬老学做人。戚父教子不慕虚荣，其子尊父不贪享乐。古人尚能做到，今人更当如此。

◎史海撷英

戚继光抵御倭寇

嘉靖三十四年（1555年），江浙倭患极为严重，朝廷升戚继光为参将，由山东调往浙江，镇守宁波、绍兴、台州三府，抵御倭寇的侵略。来到浙江后，戚继光马上检阅当地军队，发现军队恶习泛滥，认为这样一支军队怎么能打败倭寇？于是出榜招兵，另建一支新军。

不久，一支由义乌的农民和矿工组成的3000人的军队组建起来，戚继光对这支军队进行了严格训练，并更新了火器等装备，很快就使这支新军成为日后让倭寇闻风丧胆的"戚家军"。

戚继光又根据江南地区地形多沼泽，道路弯曲，兵力不易展开以及倭寇善于设伏、短兵相接等特点，创造了中国古代军事史上著名的"鸳鸯阵"。

戚继光在浙江抗倭战争中取得了九战九捷、歼敌6000名的辉煌战绩。当戚家军凯旋归来时，台州人民出城欢迎，人们组成一条20多里长的长龙，欢声雷动，共同庆贺英雄归来。

◎文苑拾萃

倭　寇

　　倭寇是指 13 世纪至 16 世纪期间，以日本为基地而活跃于朝鲜半岛及中国大陆沿岸的海上入侵者。倭寇曾被归于海盗之类，但实际上倭寇的抢掠对象并不是船只，还包括陆地上的城镇。

　　历史上，倭寇最猖獗之时的活动范围曾远至东亚各地，甚至是内陆地区。倭寇的组成并非仅限于日本海盗，但因为这些海盗最初来自日本（日本当时被称为倭国），故这些海盗被统称为"倭寇"。

　　后来由于日本国内形势转变，加之官府的管制，日本人出海抢掠船只的事件减少，取而代之的是来自中国和朝鲜等方面的海商和海盗，他们依然仿效过去日本倭寇抢掠的方式，继续为祸东海，也被归于倭寇之列。

汪辉祖从父教做官先做人

◎百行万善孝为首，当知孝字是根源——《百孝经》

> 汪辉祖（1731—1807年），字焕曾，号龙庄，浙江萧山人。清代乾嘉时期的良吏。乾隆三十三年举于乡，四十年成进士。汪辉祖早岁游幕，后知湖南永州府宁远县。著有《元史本证》、《二十四史同姓名录》、《学治臆说》、《佐治药言》等。

汪辉祖的父亲汪楷曾任河南淇县典史。8年后，因父病辞官回家。汪楷在父亲去世后，不得不到广东谋生。这时汪辉祖已11岁了，读书6年，懂得一些世事了。汪楷临行时问辉祖："你知道我这次出门为的是什么？"

辉祖一时答不出来。父亲接着说："我这样的年纪出门投奔人家，实在是不愿意的。但是现在不想个法子，你将来恐怕没有饭吃。"

一时，父子俩都哭了起来。勉强收泪，父亲又问："你说读书为的是什么呀？"

辉祖答："为做官。"

父亲说："错了，求做官未必能做人。求做人，即使不做官亦不失为好人。碰着运气做了官，就必须做好官，必须不受百姓唾骂，不贻害子孙，你须记住这几句话呀！"

汪辉祖为官最先做的是刑名幕宾（审理裁决民刑案件的秘书），上任前跪在母亲面前发誓："现在除此以外，无以为生，但是发誓总不敢负心造孽，如有分外之钱，一个也不敢入口袋。"

母亲说："你记住父亲的话就好。"

汪辉祖说到做到，在《佐治药言·不合则去》中记载着他的肺腑之言："尽言二字最难办到，公事公言，可以理争，言犹易尽。若是幕主有私心，我持之以公，则少有不意见参差的。如果据理酌情反复陈说，以利害相动，也没有不悚然觉悟的。而且宾主之间，合则留、不合则去，若是以去就争之，而官主还不醒悟，则是一个始终不可与为善的人，又有什么可惜不愿意离去的呢？"

汪辉祖先后在江苏9年，在浙江25年，入州县幕府，度过了34年佐人为治的幕宾生涯，历事16个幕主。他操守谨严，细心体察民情，成为清代乾嘉间著名的幕宾。《清史稿》称汪辉祖："习法家言，佐州县幕，持正不阿，为时所称。"

乾隆五十一年（1786年），汪辉祖选为湖南宁远县令。当时选官到任，路费是寒士难以承受的。所以，一些人借钱到任，就迫不及待地贪污受贿刮地三尺。

但辉祖却当了家产上任，他说："欲做贤吏，正本清源，心自谒选始。"他到任的第二天，便直接进了县衙门。一进门看见有人像等候打官司的样子，他立刻叫传人问案。

老差人出为跪禀："今日是大老爷到任的吉期，还有许多礼节，照例是不问案的。"

汪辉祖说："做官最吉祥的事就是民事，为什么今天不能问案呢？"

他开堂问案，终于审清了案情，原来是邻县来的流丐忧民，便采取办法，迅速驱逐出境。百姓都欢喜地说："新来的大人真是好官啊！"

办案到现场勘验是至关重要的，而官员们有的怕山高路远，有的怕污秽，往往听凭下属瞎报一顿，胡乱断案了事，汪辉祖却无论寒暑远近，随报随验。

宁远风气有"打油火"，即如遇路有浮尸，地保便架在老实乡民门前，以敲诈勒索钱财。有一年冬天，离县城90多里的凤凰岭，地保来报说姓刘的门前发现缢尸。汪辉祖立刻传人前去相验。

地保说："这个地方远，而且难走，官不能去。"

汪辉祖说："你能来，我为何不能去？"时年58岁的汪辉祖走了一天，第二天来到离现场还有20里的山中，重岩复涧难以行走，最后只好叫人前边挽着后面推着，手足并用地前行。经详细勘验，果然找出移尸痕迹，立即将地保及同伙带回县衙重责，才使刘家幸免遭殃。

乾隆五十四年（1789年），60岁的汪辉祖自觉年老力衰，正欲告病去官，恰逢道州知州出缺，上峰便委他兼理道州。这道州的风气很是不好，不法绅士借故拒不纳粮，欠赋不清已积10余年之久。为治理此弊，汪辉祖惩办了一些绅士。

汪辉祖的官声虽好，但终因疾恶如仇，得罪了一些人，后被罢官。阮元《循吏汪辉祖传》记述汪辉祖罢官归去时，"民空邑走送境上，老幼泣拥舆不得行"。

◎故事感悟

汪辉祖从父教，做官不图名利，只为百姓，故成为了千古传诵的青天大老爷，这与其父的严词教导是分不开的。

◎史海撷英

绍兴师爷

汪辉祖年轻时家境贫困，父亲早逝，为了养活生母和继母，他20岁便开始了幕僚（师爷）生活。他博览群书，尤对法家的学说钻研很深，而且精明能干。

清乾隆中期，发现东南沿海使用"宽水钱"的很多，朝廷怀疑有人私铸钱，下令严查，闽浙总督严继善委托汪辉祖侦办此案。汪辉祖做了详细调查，查明"宽水钱"是日本钱币，由商船带入，而不是民间私铸，这样避免了冤案。因此事严继善对汪辉祖大加赞赏，感慨地说："做官治事不能不用读书人。"

汪辉祖任宁远知县期间，非常关心百姓疾苦。他鼓励发展生产，教化民风，崇尚节俭，兴修水利，创办学院。他亲自处理民间纠纷和诉讼案件，主张审慎公允，深得民心，有"廉明听正"之称。当他回乡经宁远时，人们对他夹道相送。

　　汪辉祖返回故里后，定居县城苏家潭。乾隆五十八年，他主持修复萧山西江塘，因主事得力，工程坚固而耗资又少。同时，他还上书朝廷，要求减萧山牧地的赋税，此举为百姓做了一件大善事。

　　汪辉祖还著有《元史本证》、《史姓韵偏》、《九史同姓名录》、《二十四史同姓名录》、《二十四史希姓录》、《辽重元三史同姓名录》等书，其中尤以《学治臆谈》、《佐治药言》、《病榻梦痕录》颇为流传。

　　清嘉庆十二年，汪辉祖逝世，享年78岁。汪辉祖一生所解疑难杂案甚多，深得百姓爱戴，他以"一代名幕"而誉天下，因此得名"绍兴师爷"。

◎文苑拾萃

《佐治药言》节选

（清）·汪辉祖

　　尽心士人不得以身出治，而佐人为治，势非得已。然岁修所入，实分官俸，亦在官之禄也。食而谋之不忠，天岂有以福之。且官与幕客非尽乡里之戚、非有乡故之欢，厚禀而宾礼之，什伯于乡里亲故谓职守之所击倚为左右手也。而视其主人之休戚，漠然无所与于其心，纵无天谴，其免人诵乎？故佐治以尽心为本。心尽于事必竭所知所能，权宜重轻，顾此虑波，挽救其已著，消弭于未然，如后之检更、省事、息讼、求生、体察俗情、随几杜弊诸条皆是也。首揭尽心二字，乃此书之大纲，吾道之实济。

林宾日循循善诱

◎父母威严而有慈，则子女畏慎而生孝矣。——颜之推

林宾日（1749—1827年），原名天翰，字孟养，号旸谷。籍贯侯官（今福州）。民族英雄林则徐之父。

林宾日这个名字鲜为人知，可是，当提到林则徐时，几乎没有人不知道。林宾日是林则徐的父亲。林宾日的祖上曾是官宦人家，到他父亲这一代已经衰败。有了林则徐之后，已经沦落为"家无一尺之地，半亩之田"的极其贫困的境地了。

林宾日是个知识分子，因家境贫寒，只得放弃科举，做了私塾先生，"半饥半寒，迁就度日"。在当时历史条件下，作为下层封建知识分子，生活上只有两个出路，一是通过科举，走仕途之路；另一条路就是在苦海中挣扎，甘当普通百姓。林宾日也曾梦想过做官，但未能如愿。因此，他把希望寄托在儿子身上，历尽艰辛，培养儿子成人。

林则徐4岁的时候，林宾日便开始了对他的启蒙教育。当时，林则徐年岁太小，别说读书，就连坐住都难。林宾日对待儿子很有耐心，不管林则徐怎样淘气，他从不打骂，而只有循循善诱。

他在授课时，任林则徐随便玩耍，在教完其他学生的功课后，他便把林则徐抱在膝上，一句一句地教他读诵文章和诗词。

这样，使林则徐在享受父亲爱抚的同时，又在愉快的气氛中学到了许多

知识。这种教育方法给林则徐留下了深刻的印象。成年后的林则徐曾这样回忆道:"父亲教我读书,谆谆的教诲,循循善诱,不发脾气,没有疾言厉色,所以使我乐于学习。"

这样过了3年,林则徐已经能够熟练地背诵出许多文章、诗词。林则徐7岁的时候,林宾日便开始教他写文章,这比一般的孩子要早得多。

当时有人劝林宾日,不必这样早就教孩子写文章,他回答说:"此儿性灵,时有发现处,不引之则其机反窒。"他知道,孩子的天资好,应该及时诱导,否则将会使他的聪明才智被无情地扼杀掉。由于林宾日的耐心教导,加上林则徐的刻苦努力,林则徐很快便"以童年擅文名"。

林宾日在教儿子读书的同时,还注意培养他吃苦耐劳的习惯。

林家清贫,据说每到过年除夕之夜才能吃上一顿素炒豆腐。尽管如此,林宾日即使典当衣物,也要保证孩子学习。他要求孩子读书不能怕吃苦,并规定每天读书至深夜。为了督促、鼓励孩子刻苦读书,林宾日每天带领全家在一盏小油灯下忙碌,以陪伴林则徐学习。有人见林宾日如此清苦,便劝他改行,而林宾日却"惟笑不应"。这对林则徐的教育极深,每当他看到父母姐妹们忙碌,总要抢着帮他们干活儿。这时,林宾日便告诉林则徐不必顾及于此,要努力读书,将来为国家效力。他曾在家中贴了这样一副对联:

> 粗衣淡饭好些茶,这个福老夫享了;
> 齐家治国平天下,此等事儿曹任之。

生活的艰辛以及父亲的殷切希望,是对林则徐的巨大鞭策和鼓舞。

有一年春夏之交,青黄不接,林家本已很困难,林宾日的三哥林天策又来借粮。林宾日毫不犹豫地将家中仅有的一点粮食送给了三哥,然后又把孩子们叫到身边,对他们说:"汝伯父来,不得言未举火。"结果,林则徐和姐妹们吃了一天剩饭,而林宾日夫妇却饿着肚子。

这种珍视手足之情,以及"视人之急犹己家"的舍己为人精神,深深地打动了林则徐那幼小的心灵,使他终生难忘。

林宾日了解官场的腐败，每每在家中与夫人谈论朝政，抨击时弊，说到激动处，往往怒形于色，这对在一旁静听的林则徐产生了很大影响。

林则徐20岁乡试中举，次年入京会试落榜，又回到家乡当私塾先生。这时，林宾日和一些正直的读书人结成了"真率会"，"讨论文字，上下古今"。这个文学小团体反对拘泥于迂腐的治学，主张"纵谈不讲之乎者也"，"说家常不及男婚女嫁"，在礼仪上反对守旧，具有开明的倾向。

林则徐也参与了活动，并结识了一些正直的读书人。这对于他了解社会、了解国情起了很大作用，是他从幼稚走向成熟的重要阶段。

◎故事感悟

林宾日是一个封建知识分子，他希望儿子能够读书做官，但更注重教育儿子做个正直的官员。因此，不论是言传还是身教，他都起到了积极的作用，收到了良好的效果，使林则徐从小养成了正直、刚毅的性格。

◎史海撷英

林则徐的青年时期

林则徐生于一个下层封建知识分子的家庭里，他的父亲林宾日平时靠教读、讲学为生。不过，仅靠父亲教的微薄收入是无法维持生活的，所以，母亲也是会揽一些手工活来分担家庭的困窘。

在科举时代，林则徐的父母指望自己的儿子能够在仕宦之途飞黄腾达。而林则徐也天资聪颖，在4岁时便由父亲"怀之入塾，抱之膝上"，口授四书五经。

在父亲的精心培育下，林则徐较早地就接触到了儒家经传。嘉庆三年（1798年），林则徐14岁时考中秀才，后来又到福建著名的鳌峰书院读书，受教于具有实学的郑光策和陈寿祺。在父亲和亲友老师的影响下，他开始注意经世致用之学。

嘉庆九年（1804年），林则徐20岁这年，高中举人。父亲的谆谆教导使林则徐的学业取得了惊人的成就。不幸的是，此后由于家道中落，他只好外出为有钱人家的孩子担任塾师。

　　在嘉庆十一年（1806年）秋，林则徐应房永清之聘，到厦门担任海防同知书记，这里的鸦片烟毒引起他的注意。同年，他受新任福建巡抚张师诚的赏识招入幕府。在张幕中，林则徐获知了不少清朝的掌故和兵、刑、礼、乐等知识以及官场经验，为他日后的"入仕"准备了些必要条件。

李四光替父母排忧解难

◎子曰:"父母之年,不可不知也、一则以喜,一则
以惧。"——《论语·里仁第四》

> 李四光(1889—1971年),字仲揆,湖北省黄冈县人。中国著名地质学家和古生
> 物学家,蒙古族。中国古生物学、地质学、第四纪地质学研究的开拓者,创立大地构
> 造理论——地质力学,对亚欧大陆东部山脉体系的形成原因提出了自己独特的观点,
> 是现代板块构造理论出现之前的大地构造理论之一。解放前,李四光曾任中央研究院
> 地质研究所所长,新中国成立后入选中国科学院院士,是我国现代地球科学和地质工
> 作的奠基人。

李四光是我国杰出的地质科学家,科技战线上的一面红旗,周恩来总理对李四光的一生给予了很高的评价,并号召向李四光学习。

李四光不仅在攀登科学高峰方面值得人们学习,在孝敬父母方面也是人们学习的榜样。

李四光家境十分贫寒。他的祖父早年去世,他的祖母带领其父亲沿路乞讨,最后流落到湖北黄冈回龙山,在那里找了一个小破庙住下。

后来,李四光父亲白天打柴,晚上读书,考中个秀才,便招了十几个学生,开始了教书生涯。

可是微薄的收入维持不了一家老小的生活,他的父亲整日愁眉不展,唉声叹气,当时年少的小仲揆看在眼里,急在心里。

他为了替父母排忧解难,白天在父亲的私塾里刻苦读书,晚上便帮助妈妈做零活,如舂米、挑水等。有时家里没柴烧了,他就去砍柴。

一次,他约了几个小伙伴一同去砍柴,因山高路滑,一不小心摔倒了,

膝盖磕破了，鲜血直流。小朋友们都问他疼不，他说"不疼"，咬紧牙关，继续砍柴，一直坚持到太阳落山，砍够了柴，才一瘸一拐地走回了家。

妈妈见了，心疼得流下了眼泪。小仲揆有时还担柴去卖，挣回钱贴补家用。这样的生活，小仲揆一直过到12岁。

仲揆12岁那年，母亲用出嫁的衣服为他做了一件棉袄，让他穿着这件衣服，拿着向邻居借的钱，到武昌报考武昌高等小学。

仲揆的试卷答得非常好，竟考了第一名。而主考见他是个穷孩子，竟不想录取他。幸好学校里的一位先生是他父亲的学生，从中说情才录取了他。

入学后，学膳免费，每月还发些银子，小仲揆深知家中困难，常常把节省下来的银子捎回家去，为父母分忧解愁。这样，尽管他家缺了一个劳力，生活反倒得到一些改善，父母为有这样孝顺的儿子而欣慰。

仲揆学习刻苦，每次考试都名列前茅，被官派日本留学。此间，他仍节衣缩食，把省下来的钱寄往家中，负担两个弟弟和两个妹妹的学膳费用。

为了节省钱，他既不在学校食堂用餐，又不肯在房东家包饭，而是常常晚上把米装进暖瓶里，注进开水，经过一夜泡熟成粥，当饭吃。吃菜，也只吃点咸菜。同学们把他这一大发明传为佳话。

李四光从小就知道替父母排忧解难，孝敬父母，长大又能按父母教导刻苦读书，后来，终于在地质科学领域对祖国作出了杰出的贡献。

◎故事感悟

我国杰出地质学家李四光先生，不仅在地质科学领域为祖国作出了伟大的贡献，也在品德上用行动实践教育了我们应怎样去孝敬父母，值得我们当代人学习。

◎史海撷英

李四光与中国的石油大发现

早在1915—1917年，美孚石油公司的一个钻井队在中国的陕北一带打了7

口探井，花了300万美元，因收获不大就走掉了。

1922年，美国斯坦福大学教授布莱克威尔德来到中国调查地质，写了《中国和西伯利亚的石油资源》一文，下了"中国贫油"的结论。从此，"中国贫油论"就流传开来。

但是，李四光根据自己对地质构造的研究，在1928年就提出了："美孚的失败，并不能证明中国没有油田可办。"以后他在《中国地质学》一书中又一次提出：新华夏构造体系沉降带有"重要经济价值的沉积物"，这个沉积物讲的就是石油。

1955年，普查队伍开往第一线。在几年里，就找到了几百个可能的储油构造。1958年6月，喜讯传来：规模大、产量高的大庆油田被探明。地质部立即把队伍转移到渤海湾和黄河下游的冲积平原。以后，大港油田、胜利油田以及其他油田相继建成，地质部又转移到其他的平原、盆地和浅海海域继续作战。

1964年12月，第三届全国人民代表大会的《政府工作报告》中指出："第一个五年计划建设起来的大庆油田，是根据我国地质专家独创的石油地质理论进行勘探而发现的。"李四光的工作得到了党和国家的充分肯定。

◎文苑拾萃

地质力学

地质力学是运用力学原理研究地壳构造和地壳运动规律及其起因的学科。地质力学在中国是由李四光创立的。

1926年，李四光发表《地球表面形象变迁的主因》，提出"大陆车阀说"。1929年发表《东亚一些典型构造型式及其对大陆运动问题的意义》一文，概括了不同类型构造的特殊本质，建立了构造体系的概念，为地质力学奠定了基础。

20世纪40年代初，李四光正式提出地质力学这个名词。20世纪六七十年代以后，地质力学的理论和方法在中国的地质工作和研究中得到较广泛的推广和应用。

靠砍柴养家

◎子曰："父母在，不远游，游必有方。"——《论语·里仁第四》

金善宝（1895—1997年），著名的农业教育家、农学家和小麦专家，中国现代小麦科学主要奠基人。他为我国培养了几代农业教育、科研和生产管理人才。金善宝早期育成的"南大2419"、"矮立多"等小麦优良品种，最大年种植面积达7000多万亩，为我国小麦增产作出了重大贡献；后又发现并定名了我国独有的普通小麦亚种——云南小麦。他主编的《中国小麦栽培学》、《中国小麦品种志》、《中国小麦品种及其系谱》和《中国农业百科全书·农作物卷》等专著，集中反映了新中国成立以来作物科学，特别是小麦科学的发展与成就。

金善宝是一位为培养和推广优质小麦而奋斗一生的小麦专家。他曾被中央人民政府任命为南京市副市长，但他不愿在政府机关做官，而是心系大地，心系农业。他这种勤劳的工作作风与他幼年在家乡劳作以及父母的影响分不开的。

1895年7月2日，金善宝出生在浙江省会稽山麓诸暨县石峡口村，父亲是位秀才，在村中私塾任教；母亲是劳动妇女，在家种桑养蚕。在父亲的教育和母亲的熏陶下，善宝很小就体贴父母的辛苦，幼年时就上山帮母亲干活，从劳动中他体会到衣食的来之不易。

善宝六岁多进入父亲任教的私塾，他读书很认真，成绩总是名列前茅。从学堂回来，善宝放下书包就背着筐子上山，帮采桑的母亲干活。母亲心疼地说："善宝，你读书辛苦，还是回家歇着去吧！"

"我不辛苦，母亲日夜劳作才辛苦呢！"善宝这样回答。母亲见善宝越来越知书达理，孝敬父母，欣慰地笑了。

南方的天气经常连阴几个月，山乡的人平时都到山里砍柴晾干，以备阴天时烧饭用。善宝的父亲教书忙，没时间上山砍柴，家里烧饭的用柴都是善宝准备。善宝经常扛着斧头，腰里系一根绳子，带几块干粮进山砍柴。用于烧火的树木都在大山里，每次进山都要走很远的路。

一天，太阳落山了善宝还没回家，母亲焦急地站在村口守望。过了很久，他才背着小山一样高的柴禾垛回来。母亲忙迎上去接过善宝身上沉重的柴禾垛，嗔怪地说："吓死人哦，为什么搞得这样晚，明天不要去了。"

"不，还要去！"善宝执拗地说，他觉得自己已是个顶天立地的男子汉了，他背的不是一大捆柴禾，而是一副生活的担子。

这条蜿蜒曲折的小路，引导他走上了人生的旅途。沿着这条小路，他走出了大山，走遍了全中国。

◎故事感悟

金善宝的家境使他较早地懂得了生活，从童年就逐渐掌握了农业劳动的基本操作。在父亲逝世后，为了给母亲分担困难，他凭借着瘦弱的身躯扛起了家庭的重担。金善宝的行为深深令人钦佩。

◎史海撷英

勤奋耕耘育良种　老骥伏枥写专著

金善宝从南京高师农科毕业后，就开始小麦研究。1928年和1929年，他先后发表了《中国小麦分类之初步》和《小麦开花之时期研究》。

金善宝从美国留学回来后，为了挖掘祖国小麦种子资源，他从广泛搜集的790多份小麦品种中，经过试种观察、整理筛选，鉴评出"江东门"、"武进无芒"、"南京赤壳"和"姜堰黄皮"等一批优良地方品种，并在农业种植上推广利用，极大地发挥了增产效益。

1934—1935年，金善宝先后发表了三篇专业文章，都是与当时国内主要大田作物育种密切有关的内容，即《近代玉米育种法》、《用统计方法比较籼粳糯米之胀性》和《大豆几种性状与油分、蛋白质之关系》。

◎文苑拾萃

老骥伏枥

成语出自三国曹操的《步出夏门行》："老骥伏枥，志在千里。"

东汉末年，曹操率军先后消灭董卓、吕布、袁术、袁绍、刘表等地方势力，控制北方领土。袁绍的儿子投奔北方的乌桓，53岁的曹操亲率大军彻底征服20万乌桓人，凯旋后作《步出夏门行》："老骥伏枥，志在千里。烈士暮年，壮心不已。"

成语释义：比喻有志向的人虽然年老，仍有雄心壮志。

字词释义：骥：千里马；枥：马槽。伏枥：就着马槽吃食；老的千里马虽然趴在槽头吃食，但仍想奔驰千里。比喻人老了仍有雄心壮志。

 穷人的孩子早当家

◎人必其自爱，然后人爱之；人必其自敬，然后人敬之。——汉·扬雄

秦族（生卒年不详），西魏上郡洛川人也。祖白、父蘸，并有至性，闻于闾里。

秦族的祖父曾为颍州刺史，父亲曾任鄜城郡守，他们两个人都是很有名望的人。在他们的一生中，都是非常孝顺父母、忠于职守的，因而受到治下百姓的尊敬和拥戴。他们同样没有忘记教育自己的子女遵守孝行。秦族在父亲的教诲和影响下，很小的时候就知道孝敬父母了。

父亲在任郡守的时候，秦族才七八岁。平时由仆人看护、侍候，读书写字有先生陪伴，很少见到父亲、母亲。更何况父亲公事繁杂，偶尔回家也顾不上看看他们兄弟几个。

他们父子之间并不十分亲密。可秦族常在先生面前叨念父亲和母亲，先生为情所动，替秦族转达了对父母的问候。母亲听了以后十分高兴，常把他叫到身边，嘱告他要好好读书，将来好建功立业。

秦族11岁的时候，父亲不幸病故。秦族同他的几个弟弟悲痛至极，常因想念父亲而痛哭。他们常到父亲的坟上拜祭，发誓一定尽心竭力奉养母亲，借以告慰父亲的亡灵。过路行人为他们的孝行所动，称赞他们是好孩子。

秦族15岁的时候，母亲也病倒了，因为父亲为官清正，家里积蓄极少，这时早已用光了。

为了养活全家，秦族叫弟弟们上午读书、写字，下午随他干活。寒暑易节之时，秦族总是最后一个换上衣服，并且是最旧最破的。因为饭少菜也少，生怕母亲吃不饱。吃饭的时候，他总是让母亲先吃，然后他们兄弟几个才吃。尽管这样，秦族的母亲因身体羸弱，禁不住忧愁和病痛的煎熬，病情加重，终于闭上了满含泪水的双目，离开了尚未成年的子女们。

为了表达对母亲的追思，秦族保存了母亲的居室，只到祭日才进去表示怀念之情。乡里邻居都敬服秦族，上书向朝廷荐举他，不久皇帝便下令表彰他的孝行。

◎故事感悟

秦族很小的时候，因为父亲在外做官，故而很少与其见面，偶尔见面也是匆匆一聚，但秦族并没有因之而与父亲疏远，而是常常思念父亲。11岁时父亲去世了，他常因思念父亲而痛哭，15岁时母亲病重，使他少年时就担起了抚养家庭的重担。他劳动在前、吃苦在前，而总是把好衣服、好饭食留给母亲与兄弟。但母亲因身体羸弱离他们而去，秦族对父母的追思之情更加沉痛，他保留着他们的居室，并进行祭祀，他的行动受到了当朝的好评，也值得我们学习。

◎史海撷英

勇将杨大眼

杨大眼是武都氐族首领杨难当的孙子，少年时期就勇气过人，跑步像飞一样快，但他是父亲之妾所生，所以不受重视，经常受冷挨饿。

北魏孝文帝时期，他开始做官，当时孝文帝打算以南伐为借口迁都，命令尚书李冲主持选拔军官。杨大眼前去应征，但没有被选中，杨大眼说："尚书你不了

解我，让我给你表演一下。"

他拿出三丈多长的绳子绑住头发奔跑，绳子像射出去的箭一样笔直，马都追不上他，在场的人无不惊叹佩服。

李冲说："自古以来，没有一个人像他那样的。"就把他选为军主。

杨大眼回头看着同伴说："今天是我蛟龙得水的日子，以后我再也不会和你们同列了。"不久他又升为统军，跟随孝文帝南征北战，每次都勇冠全军。

杨大眼善于骑马，穿着盔甲在马上所向披靡，受到人们的赞扬。他抚慰士兵，称他们为儿子，看到有人受伤，常常为他们流泪。他虽然是将帅，但仍身先士卒，从来不畏惧冲锋陷阵，和他作战的敌人没有不被他击垮的。南朝前后派遣的军队往往还没渡江就被他吓跑了。

据说在淮扬一带，人们吓唬啼哭的小孩都是哄他："杨大眼来了！"小孩子没有一个不马上停止哭泣的。

王肃的侄子王秉刚从南朝投降到北朝，对杨大眼说："在南方就听说了你的大名，都说你眼睛有车轮那么大，现在见到后也和常人差不多啊。"

杨大眼说："两军对阵的时候，我双目怒视，足以让你们不敢看我，何必一定要大如车轮的眼睛？"

当时的人都推崇他的勇猛，认为即使是关羽、张飞也不能超过他。但是在出征淮河的战斗中，他却喜怒无常，常常体罚士兵，将士们都有些怕他，有的人认为这是他性情改变而造成的。

杨大眼出任荆州刺史，常把草扎成人体的形状，给它穿上青布衣服，对着它射箭。他把蛮族首领找来让他们观看，指着草人对他们说："你们如果想造反的话，我就用这种方法来除掉你们。"

荆州曾经出现老虎伤人的事情，杨大眼和老虎搏斗并活捉了它，把虎头砍了下来悬挂在街市上。

从此荆州的蛮族经常一起讨论："杨公是粗暴凶狠的人，常常制作我们蛮人的形体加以射杀，而且就算是深山里的老虎也不能逃脱他的毒手。"由此再也不敢兴兵作乱。杨大眼在荆州任职两年后就死了。

杨大眼虽然没有读过书，也不识字，但他常常请别人读书给他听，他都能记住。他打了胜仗后，命令别人写捷报，都是由他口授，然后别人记录下来。

他有三个儿子：最大的一个叫杨甄生，次子杨领军，幼子杨征南，都是潘氏所生，他们都继承了父亲的气魄和才能。

◎文苑拾萃

道士寇谦之

寇谦之是北魏时期有名的道士，他年轻的时候就喜欢仙道的思想，愿意与世隔绝。小时候修炼张鲁创下的道术，吃寒食散和自己炼的丹药，但过了很久也没有什么效果。

有个叫成公兴的人，在寇谦之叔母家当佣人，寇谦之发现他外表看上去很强壮，每天都辛勤劳动但并没有疲倦的样子，于是请求叔母让成公兴去他家当佣人。

回家后，他让成公兴下地干活，自己坐在树下练习推算之法。成公兴干活之余跑来看他推算，寇谦之说："你干你的活就是了，跑来看这些干什么？"

后来寇谦之计算七曜，怎么算也算不清楚，很失望。成公兴对寇谦之说："你为什么不高兴？"

寇谦之回答道："我学习算术很多年了，但近来算《周髀算经》上面的东西怎么也算不对，所以感到很惭愧，不过这事和你无关。"成公兴说："你试着告诉我，我来算算。"结果他一会儿就算清楚了。

寇谦之很佩服成公兴，不知道他的学问有多深，请求拜他为师。成公兴坚决不肯，只让寇谦之跟他学习。不久他对寇谦之说："你既然有意学道，那可不可以和我一起归隐？"

寇谦之求之不得，急忙同意了。成公兴让寇谦之斋戒了三天，然后一起到了华山，让寇谦之住在石室里面，自己外出采药。他让寇谦之吃他采的药，就不感到饥饿了。

后来他又带寇谦之到了嵩山，那里有三重石室，让寇谦之住在第二重里面。过年后，他对寇谦之说："我出去后，会有人送药来，你拿到就只管吃，不要觉得奇怪。"

不久有人送药来了，寇谦之一看，都是些毒虫和腐烂的东西，害怕得逃走了。

　　成公兴回来后问起来，寇谦之把情况说了一遍，成公兴叹息道："你当不了神仙，只能当帝王的老师了。"

　　成公兴服侍了寇谦之7年，最后对他说："我不能在这儿多留了，明天中午我就会死。我死后，你洗澡的时候会有人来接我的。"

　　第二天，成公兴果然死了。

　　寇谦之自己洗澡，看到两个童子进来，一个拿着衣服，一个拿着钵和锡杖，走到成公兴的尸体前，成公兴就站起来，穿上衣服，拿起钵和锡杖走了！

ZHONGHUACHUANTONGMEIDEBAIZIJING

中华传统美德百字经

严·父严子立

第二篇

父教有方

士会杖子

◎化齐心，莫若教也。——《晏子春秋》

> 士会（约公元前660—公元前583年），祁姓、士氏，名会，因被封于随、范，以邑为氏，别为范氏，谥武，又被称为士季、随会、随季、范子、范会、武季、随武子、范武子。是士芳之孙，成伯缺之子，春秋晋国中军将、太傅。

士氏是一个有悠久历史的大族，据说它的先祖是陶唐氏，历虞、夏、商、周，至周成王时迁之杜，封为伯。

周宣王时期，杜伯被杀，其长子奔晋，为士师，故以官为氏，称士氏。其子孙居随（今山西介休县东南）及范（今地失考），故又称随氏或范氏。所以，晋国的士会又称范会或随会。

士会是一位地位显赫的人物。他早年参加过晋楚城濮之战，后为中军帅、太傅，到周王室调和过周王与诸卿的矛盾，多有功劳。他怕自己的儿子因此而飞扬跋扈，所以教子强调一个"敬"字。

周定王十五年（公元前392年），士会告老退休，他就叮嘱儿子士燮说："尔从二三子唯敬。"强调要对朝廷的各位卿大夫要恭敬。

士会对士燮要求很严格。有一次，士燮上朝直到黄昏时才回家，等士会问明了缘由，得到的却是一顿好打。

武子（士会）曰："何暮也？"

对曰："有秦客度辞于朝，大夫莫之能对也，吾知三焉！"

武子怒曰："大夫非不能也，让父兄也。尔童子，而三掩人于朝。吾不在晋国，亡无日矣！"击之以杖，折季笄。

秦国来的客人在朝廷上用隐伏谲诡的问题"求教"晋国的大夫们，大夫们答不上来，而年纪轻轻的士燮竟然能回答三个问题，作为父亲不但不鼓励，反而打了一顿棍子，把帽子上的笄都打折了，道理就在于士会认为儿子不懂得谦让。对长辈的不谦让，就是不敬。不敬，就会使自己在社会上难于立足。

士会的反复教育给士燮留下了深刻的印象，他最终成为了一个尊老敬长的人。

公元前589年，晋齐两国在鞍（今山东省济南西）发生了一场大战，结果晋胜齐败。士燮作为上军统帅回国之前，已得到了"先路三命之服"的赏赐，可见其功劳并不下于人。

但凯旋回国，士燮却有意走在后面，弄得士会因总不见儿子的身影而心急如焚。当年老的士会终于看见士燮时，忍不住动情地说："燮乎，汝亦知吾望尔也乎？"

士燮的回答立即使他变得高兴起来。（士燮）对曰："夫师，郤子之师也，其争臧。若先，则恐国人之属耳目于我也，故不敢。"

武子（士会）曰："吾知免矣。"

郤子就是郤克，鞍之战为晋上军主帅。士燮认为他自己绝不能喧宾夺主，让国人注目自己，所以宁可后入国门。

士会虽望子心切，听到儿子这番议论，就知道儿子再不会在这方面惹是生非了。看来，强调"敬"成为了士氏家教的传统。

公元前575年，晋楚鄢陵之战前，士燮之子士匄见楚军之锋芒远甚晋军，"军吏患之"，忍不住快步向前献计，结果士燮也拿出士会对待他的差不多的办法对付士匄，竟"执戈而逐之"，并骂道："国之存亡，天也，童子何知焉？"

◎故事感悟

士燮年轻逞智，士会罚其"不敬"而不彰其慧，足见其重"敬"而轻智。智难启，德更难塑，似乎就是这个道理。

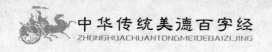
◎史海撷英

河曲之战

秦晋河曲之战，是秦晋争霸中的一次战役。

周襄王三十三年（公元前620年），秦军护送晋公子雍归国继位，在令狐被晋军击败，之后，秦、晋在边界地区又数次交战，互有胜负。

周顷王四年（公元前615年）冬，秦康公为报"令狐战败"之仇，亲率大军渡河攻打晋，夺取了晋西南部边邑羁马（今山西永济西南）。晋国迎战，权臣赵盾为中军元帅、荀林父为中军佐、郤缺为上军主将、臾骈为上军佐，栾盾为下军主将、胥甲为下军佐，共同西进迎战秦军。

秦、晋两军在河曲（今山西芮城西风陵渡黄河转弯地区）相遇，赵盾采纳了臾骈的建议，高筑营垒、以逸待劳、伺机而动。

秦康公求战不得，听从晋逃臣士会的意见，主动发兵攻打晋上军，诱使其部将赵穿出战。赵穿是赵盾的堂弟，年轻气盛但没有实战经验。他见秦军来犯，便不顾禁令率兵迎击。

赵盾担心他有失，下令全军出击。因双方均缺乏决战的准备，因而双方军队刚一接触便各自后撤。当日夜里，臾骈发觉秦军有撤退迹象，建议立即发起袭击，将其压至黄河北岸后歼灭，但被赵穿阻止。秦军连夜退走，晋军也随后撤兵。

不久，秦军再次南渡黄河，攻占了晋邑瑕（今河南灵宝西北）。

◎文苑拾萃

司 空

司空是我国古代的一种官名。西周时期始置，位次三公，与六卿相当，与司马、司寇、司士、司徒并称五官，掌水利、营建之事，金文皆作司工。

春秋、战国时期，继续沿置。宋国因宋武公名叫司空，所以将司空改为司城。孔子曾任鲁国的司空。

汉朝本无此官，汉成帝时，开始改御史大夫为大司空，但职掌与周代的司空不同。

东汉时期，司空与太尉、司徒（丞相、大司徒改任）并称三公，一直延续到宋徽宗时，仿周制，以太师、太傅、太保为三公。

辽朝、金朝三公还是太尉、司徒、司空，元朝时设时废。

明朝、清朝还是以太师、太傅、太保为三公。

明清时期也是工部尚书的别称。

楚庄王注重教子

◎分人以财，谓之惠；教人以善，谓之忠。——《孟子》

楚庄王（？—前591年），又称荆庄王，出土的战国楚简文写作臧王，芈姓，熊氏，名旅（一作吕、侣）。郢都（江陵纪南城）人，楚穆王之子。中国春秋时期楚国最有成就的君主，春秋五霸之一。春秋时期，先后有五位君主称霸，其中以楚国的地域最大、人口最多，物产最丰，文化最盛。庄王之前，楚国一直被排除在中原文化之外，庄王自称霸中原，不仅使楚国强大，威名远扬，也为华夏的统一，民族精神的形成发挥了一定的作用。楚庄王自公元前613—前591年在位，共在位23年，后世对其多给予较高评价，有关他的一些典故，如"一鸣惊人"等也成为固定的成语，对后世有深远的影响。

楚庄王是一位很有作为的君王。他继承了楚穆王扩张和北进的政策，曾"观兵于周疆……问鼎之大小轻重"，把楚争霸中原的事业推进到一个新的阶段。为了使楚国的霸业不致中断，楚庄王很注意对太子的教育。

庄王的太子名箴，楚国有位德高望重的大夫叫士亹。庄王请士亹给太子当老师，士亹推辞，庄王说，你不要推辞了，"赖子之善善之也"。士亹于是向庄王阐述了他对教子的看法：

夫善在太子，太子欲善，善人将至；若不欲善，善则不用。故尧有丹朱，舜有商均，启有五观，汤有太甲，文王有管、蔡，是五王者，皆有元德也，而有奸子。夫岂不欲其善，不能故也。

士亹这番议论，无非是说教育并非万能，儿子和父亲截然相反的有的是；并不是做父亲的不想儿子成为理想的人，实在是儿子"不欲善"。

　　也就是说，教育的基础在于受教育者首先要有一个接受教育的愿望。太子箴是否就是一个冥顽不可教训的人呢？史无明文，不可妄议。

　　但从士亹的议论和楚庄王以后又到处求教子之法来看，至少说明太子箴是个不大好调教的人。庄王勉强让士亹当了太子的师傅之后，又去向申叔时询问如何才能教好太子。

　　在楚国当时的大夫中，申叔时以贤著称。他为庄王制定了一个全面施教的药方：教之春秋，而为之耸善而抑恶焉，以戒劝其心；教之世，而为之昭明德而废幽昏焉，以休惧其动；教之诗，而为之导广显德，以耀其明志；教之礼，使知上下之则；教之乐，以疏其秽而镇其浮；教之令，使访物官；教之语，使明其德，而知先王之务用明德于民也；教之故志，使知废兴者而戒惧焉；教之训典，使知族类，行比义焉。

　　这里所说的"春秋"，是当时史官对历史所做的褒贬；"世"，是先王的世系；"令"，是典章制度；"故志"，是专记前世成败之书；"训典"，是五帝之书，这一类大概相当于今日的历史。"诗"，就是诗歌，属文学；"礼"，是礼仪，包括道德修养；"乐"，就是音乐。在申叔时看来，不同的教育内容，其作用也不同，它们分别作用于人的智慧德行的各方面；而一个太子，必须受到这些门类的全面教育，首要就是要学习"春秋"，使其建立起一个"耸善"、"抑恶"的基本观念。

　　若是以上的教育都不起作用怎么办呢？申叔时认为，还是应当坚持教育。他将经教育而收效甚微的人分三个层次对待：

　　第一是"动而不悛"者，就是有悔改的表现但还未能改正的，对其应"文泳物以行之，求贤良以翼之"，即进行多方面的开导加上贤良的辅佐；

　　第二是"悛而不摄"者，就是已经有了悔改的效果但还不巩固的，就应"身勤之"，对其"多训典刑以纳之，务慎悖笃以固之"，自己作出表率，并给对方订出相应的一些规章制度，坚定其信心和决心；

　　第三是"摄而不彻"者，即已取得了比较巩固的效果但还未完全达到理想程度的，对其就应提出更高的标准来要求他，要从"忠"、"信"、"义"、"礼"、"孝"、"事"、"仁"、"文"、"武"、"罚"、"赏"、"临"多方面来完善其教育，其中的"事"是祭祀，"临"是君临天下，而要达此目的，教育的内容也是一一相应的：明施舍以导之忠，明长久以导之信，明度量以导之义，明等级以导之礼，明恭俭以导之孝，明敬戒以导之事，明慈爱以导之仁，明昭利以导之文，明除害以导之武，明精意以导之罚，明正德以导之赏，明齐肃以耀之临。

在申叔时看来，如果按照他全面施教的方法施教，就能达到理想的目标；反之，如果这样做了，受教育者还不能得到改变，那他就不是人："教备而不从者，非人也。"

申叔时的教育思想与士壹显然是不同的：申叔时强调全面施教、采取有针对性的方法，认为只要是人都是可以接受教育的；士壹则强调受教育者的主观方面，认为人中间有一种不可能接受教育的。

这两种不同的观点到后来都有其继承者，但楚庄王大约还是相信了申叔时的理论，给太子箴进行了全面教育，并使太子箴有了较大的转变。不然，太子箴的地位始终未成为一个有争议的问题，后来又继庄王之后登君位为恭王，这些问题就不好解释了。

◎故事感悟

父母总是望子成龙，尽管可能遇到桀骜不驯的子女，但他们是可以接受教育并获得进步的。因此，历来支持申叔时的多，相信士壹的少，便是可以理解的了。

◎史海撷英

楚庄王问鼎

楚国多次被晋国打败，士气开始低落。楚庄王抓紧训练士兵，提高军队战斗力，又发动对外战争，取得了一系列胜利。

他讨伐陆浑戎路过洛阳时，在当地阅兵。洛阳是东周的都城，而楚国在此阅兵是对周天子的示威。徒有虚名的周天子害怕了，忙派王孙满前去慰劳。

楚庄王笑嘻嘻地问王孙满："东周的九鼎有多大？轻重是多少？"。

九鼎是天子的象征，楚庄王这样问，表示了他的野心。

王孙满的回答的很聪明，他对楚庄王说："国家强盛关键是在于道德，而不是鼎。"

楚庄王说："你别阻碍我看九鼎。把楚国的鱼钩的尖头搜集起来就足够铸造九鼎了。"

王孙满说："你怎么忘了？当年舜王和禹王统治时期，远方的部落前来归附，献上了九块铜，禹王用那些铜铸造了九个鼎，从此作为传国之宝。但夏桀没有德行，九鼎就搬到了殷商，让商朝统治了600年之久。纣王暴虐，九鼎就归了周。只要有道德，鼎即使很小也很重；若没道德，再大的鼎也很轻。当年周成王占卜时，占卜到周能传30世，延续700年，这是天命。现在周虽然衰落了，但天命没有改变。所以鼎的轻重不是你能问的。"

楚庄王听后顿时语塞，于是，只得悻悻的带兵走了。

◎文苑拾萃

神龙文化

自古以来，在中国神龙是智慧、勇敢、吉祥、尊贵的象征。

河南是龙的故里。被称为人文始祖的太昊伏羲，在今周口淮阳一带"以龙师而龙名"，首创龙图腾，实现了上古时期多个部族的第一次大融合。被后人称为另一个人文始祖的黄帝，在统一黄河流域各部落后，为凝聚各部族的思想和精神，在今新郑一带用龙作为新部落的图腾。现今的中国人被称为"炎黄子孙"和"龙的传人"，就是因此而来。

从发掘出土的文物看，河南省发现的龙文物不但历史久远，且最为正宗。濮阳的蚌龙距今6400年，是中国最早的龙形象，被考古学界誉为"中华第一龙"；在"华夏第一都"偃师二里头遗址发现的大型绿松石龙形器，距今有3700年，被命名为"中国龙"。

　　这些龙文化器物的遗存，从夏、商、周到汉唐、明清一脉相承，都是中华民族龙图腾的源头，从形态上看，也可说都是北京故宫里各种龙形象的祖先。

　　从全国各地的民俗风看，各地都有与龙有关的文化现象。如，每逢喜庆之日的舞龙灯，农历二月二的祭龙王、吃龙须面；端午节的赛龙舟活动等等。这些文化除了在中华大地传播继承外，还被远渡海外的华人带到了世界各地，在各国的华人居住区或中国城内，最多和最引人注目的饰物就是龙的形象。

　　龙形象已成为中华民族的象征、中华文明的精神内核、中华民族团结的纽带和共同的精神支柱，龙文化的内涵有着强大的中华民族元素，不仅源远流长，而且世代相传。

赵括父母不护子短

◎君子教人有序，先传以小者近者，而后教远者大
　者。——《朱子语类》

> 　　赵括（？—前259年），战国时期赵国人，赵国名将马服君赵奢之子。他熟读兵书，但不晓活用。于长平之战后期代替廉颇担任赵军主帅，由于指挥错误而使得赵军全军覆没，自己也战死阵中，赵军40万人尽数被秦将白起活埋。

　　战国时赵孝成王七年（公元前259年），赵与秦在长平（今山西高平县西北）对阵。当时赵国的名将赵奢已经去世了，上卿蔺相如病重，带兵的是大将廉颇。"秦数败赵军"，廉颇采用筑垒固守、坚不出战、以逸待劳的策略，消耗秦军。

　　秦为攻，赵为守，秦军强，赵军弱，秦欲速战速决，于是派间谍散布流言说："对赵国，秦国谁都不怕，就恐惧赵奢的儿子赵括为将。"

　　赵王对廉颇坚守不战本来不满，一听此言，就立即召回廉颇，让赵括去担任赵军统帅。这一决定，引起了包括赵括母亲在内的许多人的反对。

　　赵括身为名将之子，自幼跟父亲读了不少兵书，踌躇满志，"以天下莫能当"。确实，在理论上他很有一套，"尝与其父奢言兵事，奢不能难"。

　　但赵奢深知自己儿子的不足和致命弱点，并不认为赵括是块能带兵打仗的材料。赵括的母亲问赵奢为什么有这种看法，赵奢说："兵，死地也，而括易言之。使赵不将括即已，若必将之，破赵军者必括也。"

看来，为了国家的利益，赵奢还将赵括的弱点告诉过他的同僚。所以，当赵孝成王任命赵括去接替廉颇时，首先遭到了病中的蔺相如的反对，他说："王以名使括，若胶柱而鼓瑟耳。括徒能读其父书传，不知合变也。"赵王竟不听。

赵括自负其才能，不管众人的议论，打点行装，准备出发前去接任。他的母亲又赶紧上书赵王说："括不可使将。"

赵王大惑不解，于是请赵括的母亲前去询问。

赵括的母亲说：始妾事其父，时为将，身所奉饭饮而进食者以十数，所友者以百数，大王及宗室所赏赐者尽以予军吏士大夫，受命之日，不问家事。今括一旦为将，东向而朝，军吏无敢仰视之者，王所赐金帛，归藏于家，而日视便利田宅可买者买之。王以为何如其父？父子异心，愿王勿遣。

赵括的母亲不再说自己的儿子只会纸上谈兵，而是将赵奢与赵括父子二人为将后的行为进行对比，说明"父子异心"，赵括不宜为将。

但赵王坚持自己的意见，赵括的母亲只好请求赵王："王终遣之，即有不如称，妾得无随坐乎？"

赵王答应了。赵括接替廉颇后，更换将领，改变部署，与秦军大战于长平。秦军利用赵括高傲轻敌、不善变化的弱点，屡败赵军。最后赵括被困，突围身死。"括军败，数十万之众遂降秦，秦悉坑之"。

◎故事感悟

常言道："知子莫如父。"但知子短而不护短，却不是人人都可以做到的。赵奢不护子短，言及同僚；其妻不护子短，彰其丑而谏于王，以国为重，以子为轻。他们与那些因其子有"一长"而力护其短、置国家民族于不顾的人，是不能与之同日而语的。

◎史海撷英

忠心为国的赵盾

晋文公去世后，赵衰担任了晋国的执政大臣。赵衰死后，他儿子赵盾便接替了父亲的职务。

谁知道赵盾执政的第二年，晋襄公就死了，太子夷皋还很小，人们觉得应该立个岁数大的当国君。赵盾说："襄公的弟弟公子雍年长好善，而且他在秦国居住，秦国以前和我们关系不错。所以立他挺好。"

贾季则推荐公子乐，但赵盾拒绝了。

贾季不服气，偷偷派人去接公子乐。赵盾已经派士会去秦国接公子雍了，所以就把贾季废掉。但晋襄公的夫人却跑到朝堂上大哭大闹，赵盾没有办法，只好立了夷皋，这就是晋灵公。

而秦国已经派兵送公子雍回国，赵盾只好派兵袭击秦军，将公子雍杀死。这下晋国和秦国的关系更差了，不久士会逃到了秦国。

秦国和晋国打了好几仗，最后在士会的调解下两国重新和好，士会也回到了晋国。赵盾和士会一起执政，将晋国治理得井井有条。

晋灵公长大后变得非常贪玩，他甚至还用弹弓弹人，看人们躲避以取乐。有一次厨师做的熊掌没有煮熟，晋灵公居然把厨师杀掉了。赵盾和士会多次劝谏，但晋灵公根本不听他们的。

晋灵公觉得赵盾很烦人，派了一个刺客去刺杀赵盾。刺客到赵盾家的时候，天还没亮，他看见赵盾一大早就起来穿上朝服端正地坐着，举止有度，感到赵盾是个忠臣，他叹息道："杀害忠臣和背叛国君，罪过都是一样的。"说完他就撞树而死。

赵盾曾经有一次去首山，在一棵桑树下看见一个快要饿死的人。赵盾很可怜他，就给了他一些食物。

那个人吃了一半，把另一半揣在怀里。

赵盾问他为什么不吃光，他说："我离家三年了，不知道母亲还在不在，想把这些食物留给母亲吃。"

赵盾很感动，又给了他一些食物。不久那个饿人当了国君的厨师，但赵盾早把这事忘光了。

晋灵公见一计不成，又生一计。他养了一条恶狗，日夜训练。不久他请赵盾喝酒，埋伏了一些士兵准备杀他。

饿人知道了这件事，怕赵盾喝醉了跑不了，就对赵盾说："国君赐酒给臣子，喝三杯就够了，请不要再喝了。"

赵盾也觉得不太对劲，就走了。

当时埋伏的士兵还没有到齐，晋灵公就先把那条恶狗放出来去咬赵盾。饿人冲上去和恶狗搏斗，杀掉了那条狗。赵盾说："不用人却用狗，再凶猛又有什么用？"但他不知道饿人为什么要救他。

正在这时候，埋伏的士兵赶到了，冲出来追杀赵盾。饿人回过头来挡住那些士兵，好不容易才让赵盾逃掉。

饿人也跑了出来，赵盾问他为什么要救自己，他说："我就是那个饿倒在桑树下的人。"赵盾问他叫什么名字，他不肯说，自顾自地走了。

赵盾知道晋灵公不会放过自己，准备逃到别的国家去。还没有走出晋国边境，他弟弟赵穿就在桃园把晋灵公杀掉了，赵盾知道后就回来了。

赵盾威望一直很高，很得民心，而晋灵公骄奢淫逸，名声很差，所以赵穿能够轻松杀死他，人们也没有怪罪他。

晋国太史董狐书写这段历史的时候，写下了五个字："赵盾弑其君。"并在朝廷上公布了这句话。

赵盾觉得很冤枉，找到董狐辩解道："杀灵公的人是赵穿，我是没有罪的。"

董狐义正词严地说："你是国家重臣，逃亡的时候没有逃出国境，回来的时候又不诛杀凶手。弑杀国君的人不是你是谁？"

日后孔子听说这段史实后赞叹道："董狐是古代优秀的史家啊，他记录历史毫无回避。赵盾也是晋国优秀的大臣，为了国法而蒙受恶名。真可惜啊，要是他逃出国境就没事了。"赵盾终究没有怪罪董狐。

晋国没有了国君，赵盾着急了，他和大臣们商量了一下，觉得晋襄公的弟弟公子黑臀比较贤明，于是让赵穿去迎接他回国为君。

当然，这也有让赵穿戴罪立功的意思。公子黑臀就是晋成公，赵盾很受晋成公信任，他儿子赵朔娶了成公的姐姐为妻。

晋成公死后，儿子晋景公即位，不久赵盾就去世了。

郭躬持法矜恕

◎圣人恒善救人，而无弃人。——《老子》

郭躬（1—94年），字仲孙，东汉时代官员，颖川阳翟（今河南禹县）人。他的父亲郭弘有审理刑事案件三十年的经验，执法公平。他年少时继承父亲的事业，讲授法律，有几百名学生。后来做了郡吏，被公府征召。主张审案定刑从宽从轻。汉章帝元和三年（86年）官至廷尉。曾经上奏请求修改法律四十一条，都是将重刑改为轻刑，为朝廷所采纳。永元六年（公元94年），在任上逝世。

东汉颖川阳翟（今河南禹县）郭家，是彪炳史册的法律世家，《后汉书》称："郭氏自弘后，数世皆传法律，子孙至公者一人，廷尉七人，侯者三人，刺史、二千石、侍中、中郎将者二十余家，侍御史、正、监、平者甚众。"

当时，郭弘、郭躬父子就是阳翟郭家的杰出人物，他们持法务很宽平，审慎小心，仁恕宽和。

西汉时，有个执法官叫杜周，他在汉武帝时曾任廷尉、御史大夫，以断狱苛刻著称，其子杜延年继承父业，也擅长法律，在西汉宣帝时又任御史大夫，史称"小杜"。

郭弘明司小杜律，对法律很有研究，为此，颖川郡太守寇恂任命郭弘为决曹掾，主管全郡的刑狱决断。史称他"断狱至三十年，用法平"。凡是经郭弘审断的狱讼案件，当事人都"退无怨情"。人们将他比作以断狱平恕、驰誉西汉的"东海于公"。后来，郭弘享寿至95岁。

其子郭躬少传父业，也精习法律，"讲授徒众常数百人"，曾担任郡吏，辟为公府。

汉明帝永平十六年（73年），奉东都尉窦固出征匈奴，以骑都尉秦彭为副将。秦彭在单独行动时，曾未经请示，就依法将犯罪者处死。为此，窦固上奏"彭专擅，请诛之"。明帝召集公卿朝臣，专门讨论秦彭该当何罪，郭躬由于明晓法律，特召参加集议。

朝臣们纷纷赞同窦固的意见，认为秦彭滥杀，应处以死刑。只有郭躬认为，按照法律，秦彭有权诛杀违法将士。

明帝愕然问道："秦彭既未被授予象征专杀大权的斧钺，难道还可以不经请示，擅自杀人吗？"

郭躬回答："统一归大将指挥，是指那些直辖于大将的部曲将帅。而今秦彭独当一面，指挥别部军队，和在部曲是有差别的，兵事急迫，刻不容缓，呼吸间就会有变化，容不得先向督帅移文请示。且据汉制，只要有繁戟就可看作斧钺，因此，按照法律不应该判处秦彭有罪。"

明帝最后听从了郭躬的意见，赦免秦彭。

后来，又发生了一起兄弟合伙杀人的案件，但弄不清楚谁是主谋。明帝认为，作为兄长没有训导好弟弟，理应从重，因此判处兄长死刑，而减免了弟弟的死罪。

中常侍孙章在传达诏令时，口误为兄弟二人皆判死刑。尚书弹奏孙章假托君命，发布诏敕，罪当腰斩处死。明帝又把郭躬召来，询问该如何断罪。

郭躬回答：应当判孙章交纳罚金。明帝疑惑地问孙章假传圣旨，怎么仅判交纳罚金呢？是不是太轻了？

郭躬分析道：法令中对故意犯罪和过失犯罪的判处是有很大区别的，孙章传达诏命有误，从事情上分析，这是过失犯罪，对于过失犯罪，法律条文中处罚是很轻的。

明帝心中还是有怀疑，又问：孙章和囚犯是同县的，他也有可能是故意错传诏令。

郭躬说：《诗经·小雅·大东》称：周代贡赋，像磨石一样平均，周代赏

罚如射出去的箭一样不偏不倚。孔子也说，君子不以己意猜测别人诈伪犯罪。帝王要效法上天的平直无私，量刑不能随意出入，有所歪曲。”

明帝听完这番话，很为郭躬的浩然气所动，在称善听从之余，调郭躬担任廷尉正。

元和三年（86年），郭躬被任命为廷尉，这是掌管刑狱的最高司法官。当时，章帝即位已经多年，他接受大臣陈宠的建议，一改明帝苛严、酷烈之风，“每事务于宽厚”，所以有“明帝察察，章帝长者”之称。

郭躬家世代掌法，务在宽平，章帝任命他为廷尉，可谓得人。而郭躬也不负所望，决狱断刑，总是以怜悯、慎重、宽恕为原则，维护、发展了章帝的“长者”之政。

他在章帝的支持下，从许多苛刻、残酷的法律条文中整理出能够改重从轻的41条，为封建法律的进一步完善作出了贡献。

章和元年（87年），章帝诏命大赦天下，凡四月丙子以前犯罪的在押死囚都减死罪一等，并且免除笞刑，发配到金城戍边，但赦文中并未提及那些亡命在外和尚未被定罪的罪犯。

为此，郭躬向章帝请示道：“圣恩所以减死罪而令戍守边疆，就在于重视人命，现在有上万人因犯死罪而逃亡在外；又自大赦以来，抓捕到的也有相当数量，这些人独不沾圣恩。不如将赦前犯有死罪，赦后被关押的，一律减死免笞，发配戍边，这样，既保全了人命，又有益边疆。”章帝一听有理，立即再下赦令。

郭躬断狱时常还宽仁之心，尽可能地保全人命。直至永元六年（94年）死于廷尉任上。

郭躬“起自佐史小吏，小大之狱乐察，平刑审断，以矜慎宽恕为心”，他力主以法律条文和事实为根据，不凭主观臆断，不把怀疑当做事实，也不以皇帝的意志和众人的议论为转移，这样执法，可谓公平。

《后汉书》作者范晔在总结郭躬的经历时，引用曾子的话提出了这样的观点：“‘上失其道，民散久矣。如得其情，则哀矜而勿喜’，夫不喜于得情则恕心用，恕心用则可寄枉直矣。夫贤人君子断狱，其必主于此乎？”强调百姓犯法，原因在上，非下之过，所以要"哀矜而勿喜"，要用"恕心"。

这种观念受儒家"仁政"思想的影响，与那种刻薄、酷刑，以图进身之阶的思想和做法相比，还是"仁政"、"恕心"更得人心。

◎故事感悟

郭弘是阳翟郭家的杰出人物，他持法宽平、审慎小心、仁恕宽和。郭躬侍其父业，也精习法律，并在父亲的言传身教中继承其父之风，他力主以法律条文和事实为根据，不凭主观臆断，也不以皇帝的意志和众人的议论为转移，秉公执法，受到人们的好评。

◎史海撷英

功高恐震主

汉十一年，陈豨反叛，高祖亲自率兵来到邯郸。还未罢兵，淮阴侯韩信又在关中谋反，吕后用萧何出的计谋杀了淮阴侯。

高祖听说淮阴侯被杀，派使者拜丞相萧何为相国，加封五千户，命令500士兵、一个都尉为相国卫队。诸位同僚都来祝贺，只有召平深感忧虑。召平是秦朝东陵侯，秦朝破灭后成为平民。他生活贫苦，在长安城东种瓜，瓜味美，所以民间称为"东陵瓜"。

召平对相国说："祸害从此开始了。皇上在外日晒露宿而您却留守宫中，没有经历战事而加封设置卫队，这是因为现在淮阴侯刚在京都反叛，产生了怀疑您的心理。设置卫队保护您并不是宠爱您。希望您推辞不受封，拿全部家产资助军队，那样皇上心里会高兴。"

相国听从召平的意见，高帝真的大喜。

汉十二年秋天，黥布反叛，高祖亲自率兵攻打，期间多次派使者问相国在干什么。相国因为皇上在外带兵，就安抚勉励百姓，捐出自己全部财产给军队，像讨伐陈豨叛乱时一样。

有来客劝说相国说："您被灭族不久了。您位居相国，功劳第一，还可加封吗？但是您初入关中时，深得民心十多年了，百姓都亲附您，您还勤勉从政，得到了百姓的由衷热爱。皇上数次询问您在干什么的用意，是怕您撼动关中。现在您何不多买田地，放些低息贷款来自我贬损一些名誉？高祖才会安心的。"

于是相国听从了他的意见，高祖才十分高兴。

高祖班师回朝途中，民众拦路上书，说相国强迫贱买百姓的田产住宅价值数千万。高祖回到官中，相国拜见。高祖笑道："相国这岂是利民的行为！"把民众的上书都给了相国，说："您自己向百姓谢罪吧。"

相国于是为民请命说："长安地少，上林苑中空地多，许多土地都荒废了，希望陛下让百姓进去耕种，粮食归民众所有，留下禾秆、麦秸饲养禽兽。"这样于国于民，两利俱存。

高祖大怒道："相国接受了商人的财物，才为他们请求要我的上林苑！"于是把相国交给了廷尉，用刑具押起来了。

几天后，王姓卫尉侍奉高祖，王卫尉上前问高祖："相国犯了什么大罪，陛下拘禁得这么严？"

皇上说："我听说李斯辅佐秦皇帝时，有成绩归功皇上，有过错自己承担。现在萧相国多次接受商人的金钱而为民请命要我的上林苑，这是他自己讨好民众，所以要押起来治罪。"

王卫尉说："职责权限内如果能方便民众而为民请命，这才是宰相真正的事务，陛下为什么要怀疑相国接受了商人的钱呢！况旦陛下与楚军对峙数年，陈豨、黥布反叛，陛下亲自率兵前去平叛，当时相国留守关中，只要他振臂一摇，关中以西就不属于陛下了。相国不趁那个时候谋私利，却到现在才贪图商人钱财小利吗？况且始皇是由于听不到自己的过失才失天下的，这都是李斯分担了过错，又怎么值得效法呢。陛下为什么会怀疑相国呢？"

高祖听了不高兴。

这天，派使者持符节赦免放出相国。相国年老了，平素就谦恭谨慎，入朝，赤脚谢罪。高祖说："相国算了吧！相国为民请命，我不许，我不过是像桀、纣一样的君主，而相国是贤相。我故意拘禁了相国，是想让百姓知道我的过错。相国也要理解我的苦心嘛"

◎文苑拾萃

"请缨"一词的来历

西汉名将终军一生有过两次重要的出使，一次是前往匈奴劝降，另一次是出使南越。

当时的南越指居住在广东、广西一带的少数民族。秦末，原南海郡龙川令赵佗乘农民战争和楚汉战争之机，定都番禺（今广州），起兵攻占象郡、桂林等郡，自立为南越武王。

汉朝建立后，南越同汉朝的关系一直不稳定，时好时坏。汉初，赵佗主动表示臣服于汉，汉朝也承认了赵佗为南越王。但到吕后时，汉朝对南越实行禁运，使赵佗又脱离汉朝自称为帝，并发兵进攻长沙郡。

汉文帝时，派陆贾为使到南越说服赵佗，希望他们与汉朝恢复关系。赵佗答应去掉自己的帝号，向汉朝称臣进贡。汉朝仍以赵佗为南越王，让其统领该地。赵兴即位南越王后，汉武帝想召他与王太后一同入朝，归顺于汉。

终军主动要求前往南越做使者，他对汉武帝表示："愿受长缨，必羁南越王而致之阙下"，意为："请陛下授予我一根长缨。我到了南越，如果南越王不肯归顺，我就用长缨把南越王捆缚活捉回来！"汉武帝欣然应允。

此后，终军弱冠请缨的故事成为历史佳话，"请缨"也成为投军报国的代名词。

终军到南越后，采取攻心战术，对赵兴晓之以理、动之以情，赵兴和王太后被终军的慷慨激昂所折服，答应入朝归顺于汉，并愿意像内地诸侯一样向朝廷进贡。

这一消息传到京城长安，汉武帝大喜，立即颁赐南越王大臣印绶，并令他们改用汉朝的法规，采用汉朝的礼仪风俗，同时命终军等使者暂留在那里镇抚。

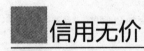

信用无价

◎玉虽有美质，在于石间，不值良工琢磨，与瓦砾不
别。——唐·吴兢

　　唐朝初年，有个王员外，他家有个公子，年轻气盛，不太管理家事，不过本质倒不坏。他们家是当地有名的富家．有着吃不完的粮食和穿不完的衣服，但最让外人羡慕的是他们家有个传家的无价之宝。

　　这个传家之宝是一座一丈多高的玉雕。这是很久以前，祖上当大官的时候请当时的名匠雕刻而成。这座玉雕刻的是一幅山水，精雕细刻，里面的飞鸟栩栩如生。这座玉雕摆在家里的后厅，轻易不会示人。但是只要见过的人没有一个不赞叹不已的。

　　王公子转眼18岁了，可是他还是这么贪玩。他的母亲很着急，常常劝他帮着做点正事，可是他嘴上说好，过了一会儿马上又忘记了。

　　倒是王员外比较大度，他劝夫人说："孩子现在正是玩心大发的时候，等到他经历了更多，或是受到了什么刺激，才有可能长大的。夫人不要着急。"

　　有一天，王公子带着几个仆人走在街上。这时上来一个人，说要请王公子喝酒。这人不是别人，正是当地新来县令的大公子，姓张。他与王公子只有过一面之交，这次他请王公子，其实是冲着王家的玉雕而来的。

　　王公子听说有酒喝，又是县令的大公子请，当然很高兴地答应了。于是他们来到酒楼，喝了个痛快。

　　在席间，张公子不停地向王公子劝酒，等到王公子有些醉意的时候，张公子提议来玩骰子。王公子平日也玩，所以很痛快地答应了。他们开始以10两银子为赌注。一连玩了好几盘，都是王公子赢。王公子高兴得要死。

　　后来他们的赌注连续加到了100两、200两，最后张公子装作很伤心地说："王公子，没想到你这么会玩。我现在输得是精光精光了。不如这样，我们玩一个大的。"

　　"大的？多大都行！"被酒和胜利冲昏头脑的王公子连连点头。

　　"我赌我家的房子，你赌你家的玉雕，怎么样？"

　　王公子听到玉雕，酒开始有点醒了。见他犹豫，张公子就激他说："王公子，你是不是害怕不敢赌呀！"

　　王公子心想，前面我都赢了，这次应该也没问题，于是就答应了。

　　结果可想而知，王公子输了。张公子让他两天之内把玉雕送来。

　　王公子沮丧地回到家，羞愧得不知该怎么和父母说。倒是仆人们告诉了王员外夫妇，他们自然是气得浑身发抖，可是又不能不管。

　　王员外说："既然这样，我们明天就把玉雕送到张家。"

　　"那怎么行？"王夫人说，"这可是王家的传家之宝。那个张公子，肯定是故意设下陷阱诱孩儿上钩，真是个阴险的小人！"

　　王公子坐在那儿，非常后悔。正在一筹莫展之际，王公子突然灵机一动，他说："张公子从来没有见过我们家的玉雕，不如把前几年新刻的那座玉雕送给他。"

　　"对啊！那尊玉雕虽然没那么精致，可是也还过得去。大小也差不多，谅他们也看不出来。"王夫人高兴地附和道。

　　谁知王员外一口否决了这个提议，他说："你们都把玉雕看作最重要的东西，可是却忘了信用比一切的财宝都珍贵。张公子虽然不对，可是要怪也只能怪儿子自己糊涂。现在错误既然已经犯下，承诺既然已经作出，就应当信守诺言，把真正的玉雕送到张家。"

　　王公子和王夫人听了这番话，都低下了头。

　　第二天，他们把这尊玉雕用好几辆马车装着运到了张家。

　　从此之后，王家再也没有什么值得特别炫耀的无价之宝了，不过王家一诺千金的名声也传了出去。

　　周围的人对王员外更加敬重，对王公子也改变了看法。而且，王公子经

过了这次教训，再也不游手好闲、不务正业了。他开始正经地读书，准备考取功名。

王员外高兴地说："王家虽然失去了一座珍贵的玉雕，可是得到的却远远超过了宝物本身。这就是诚信和一个勤奋好学的好儿子。这可是比任何宝物都要珍贵啊！"

◎故事感悟

本故事告诉我们一个真理：玉是无价之宝，而人的信誉则更是无价之宝。它在人身上的存在和体现，是人世间最美好的东西。自古有"一诺千金"之语，是人们对信誉看重及尊敬的真实表述。由于儿子的过失，王员外失去了宝玉，但也由于这件事而赢得了乡里的好评和儿子接受教训后的痛改前非，因此总体上说是值得的。

姚崇从严治家析家产

◎匪面命之，言提其耳。——《诗经》

> 姚崇（650—721年），本名元崇，字元之，避唐玄宗"开元"年号讳，改名姚崇。父姚懿，曾任硖石县令，祖籍江苏吴兴，因先辈世代在陕州为官，遂定居陕州硖石（今属陕县硖石乡）。崇出身于官僚家庭，年轻时喜好逸乐，年长以后才刻苦读书，大器晚成。历任武则天、唐睿宗、唐玄宗三朝宰相，有"救时宰相"之称，是中国历史上的著名宰相。特别是在玄宗朝早期为相，对"开元之治"贡献尤多，影响极为深远。

在中国古代宗法社会中，家庭的地位十分重要，齐家与治国被联结成一个整体，妥善处理家庭中的关系就成为一件大事。治家的中心问题是依据家庭成员的不同地位，调节亲属之间的关系。而要调节好这种关系，家产的处理则是一个十分敏感的问题。家产处理得好，则会达到为人们所称颂的"通有无，共忧乐，爱敬既笃，家室自和"的目的；处理不好，则会形成祸起萧墙、反目成仇的局面。

所以，古人十分重视对家产的处理。唐代的著名宰相姚崇析家产即是典型的一例。

姚崇不但深谙治国之道，对治家之道也颇精通。他为相时，虽然位尊门贵，地位显赫，但是对子女管束极严。

为了不使子女们骄奢淫逸，他将田园家产分给诸子，让他们人各一份，独自经营管理，自食其力。在门荫之风盛行、父尊子贵的封建社会中，姚崇这种做法，无疑是值得后人称道的。

姚崇生病弥留之际，仍然把这一做法作为子孙必须遵守的原则而写进遗嘱中。他谆谆告诫子孙：比见诸达官身亡以后，子孙既失覆荫，多至贫寒，斗尺之间，参商是竞。岂唯自玷，仍更辱先，无论曲直，俱受嗤毁。庄田水碾，既众有之，递相推倚，或致荒废。陆贾、石苞，皆古之贤达也，所以预为定分，将以绝其后争，吾静思之，深所叹服。

从史书的记载看来，姚崇这一做法确实起到了劝诫子女的作用。他的子孙也都秉父志而行，个个都在朝为官：长子彝，开元初年任光禄少卿；次子异，任坊州刺史；少子弈，开元末任礼部侍郎、尚书右丞。个个还都是有出息之人，没有"辱先"的举动。

◎故事感悟

姚崇从陆贾、石苞析家产的做法中得到启示，也仿其例而行之，使子孙在他死后不至于因家产纷争而有辱祖先的威名，为世人所耻笑，也教导了子孙家和万事兴的道理。

◎史海撷英

开元之治

开元之治是唐玄宗（李隆基）统治前期所出现的盛世。唐玄宗在位44年，前期（开元年间）政治比较清明，任用贤能，经济迅速发展，提倡文教，使得天下大治，唐朝进入全盛时期，成为当时世界上最强盛的国家，史称"开元盛世"。

◎文苑拾萃

争夺天下的失败者

李渊建立唐朝后不久，宇文化及也称帝了。窦建德认为宇文化及杀害隋炀帝，自立为帝是大逆不道的行为，决定讨伐他。窦建德当天就带兵攻打宇文化及，连战连胜，将宇文化及击破，杀死了宇文化及等人。

窦建德每次打了胜仗后，都将战利品分给手下的人，自己什么都不要。他吃穿都很简单，也不好女色，待人宽厚。但他也有大义上的原则，他本来和王世充结盟，王世充称帝后他马上与其断绝了关系。

窦建德认为唐朝是他的主要竞争对手，所以先发制人，向唐朝发动了进攻。他先攻打相州，李神通战败逃走，然后又打下了黎阳，俘虏了李世勣和李神通。

滑州刺史王轨被仆人杀死，仆人带着他的头向窦建德投降。窦建德说："奴仆杀主人是大逆不道。我怎么可以接纳这样的人！"

于是，他将那个仆人杀死，把王轨的头送回滑州。滑州的百姓很感激他，当天就率城投降了。

窦建德让李世勣镇守黎州，不久李世勣逃回了唐朝，但他的父亲被留了下来。窦建德手下的人要求杀李世勣的父亲，窦建德说："李世勣本来是唐朝的人，他不忘自己的主人，逃了回去，这是忠臣的行为。而且他的父亲又没有什么罪。"最后也没有杀李世勣的父亲，把他和李神通等人安排在专门的地方，以礼相待。

窦建德手下有员大将名叫王伏宝，有勇有谋，立了很多功劳。有很多人嫉妒他，在窦建德面前诬告他造反，窦建德相信了，杀掉了王伏宝。

王伏宝临死前说："我并没有罪，大王为什么要听信谗言，砍掉自己的左右手啊！"王伏宝死后，窦建德作战就经常失利了。

窦建德连战连败，最后被李世民俘虏了。虽然窦建德为人仁厚，对唐朝被俘的官兵都很好，但是唐朝统治者还是怕留下后患，将他押解回长安后就把他杀了。

柳氏家法著称于唐

◎学则三代共之，皆所以明人伦之。人伦明于上，小
民亲于下。——《孟子》

柳仲郢（？—864年），字谕蒙，京兆华原（今陕西耀县东南）人。少年时勤读经史，尤对《史记》、《汉书》以及魏、晋、南北朝史做过深入研究，不仅熟读，而且手抄，与所抄其他经史30多篇，合辑为《柳氏自备》，经常参阅。所著《尚书二十四司箴》一书得到著名文学家韩愈的赏识，从此出名。

柳公绰（768—832年），字起之，京兆华原（今陕西耀县）人。他自幼聪敏好学，唐德宗贞元元年（785年）参加制举考试，中贤良方正，被授以秘书省校书郎的官职。贞元四年（788年）再次参加科举，又中贤良方正科，授渭南（今陕西渭南）县尉。此后，从地方官的州刺史、京兆尹，辗转至刑部尚书、节度使、兵部尚书等职。

柳公绰生性谨严庄重，一举一动都要遵循礼法。他家藏书上千卷，但从来"不读非圣之书"，写文章也不尚浮华轻靡，文风质朴敦厚。他天性仁孝，母亲崔夫人死后，他为了给母亲尽孝，三年不沐浴。他侍奉继母薛氏30年，对她十分恭敬孝顺，连一些亲戚都不知道他不是薛氏亲生的。

柳公绰治家很严，其子孙也都能接受教诲，因而形成了良好的家风。他的儿子柳仲郢于元和十三年（818年）考中进士，被任命为秘书省校书郎，此后历任户部侍郎、吏部侍郎、兵部侍郎、诸道盐铁转运使和兵部尚书、天平军节度观察使等职。

柳仲郢有其父亲的风范，一举一动都注意是否合乎礼法。经常以礼法自

持，注意举止有礼，衣冠整洁。即使在家里见客也总是拱手致礼，在家中的书房也总是束着大带。唐后期，地方官的收入高于朝官，作为封疆大吏的节度使更是收入丰厚的肥缺。

当时许多节度使生活豪奢，骏马成群，歌伎罗列，衣服薰香。而柳仲郢虽然三次担任大镇节度使，但却为政清廉，生活很俭朴，马棚中没有名马，衣服上也不薰香。他处理完公务，常常是展卷读书，通宵达旦。

柳仲郢的儿子柳玭曾参加科举考试，被授以秘书正字的官职，后历任右补阙、泽潞节度副使、殿中侍御史、刑部员外郎、广州节度副使、给事中、御史大夫等职。

柳玭虽然出身名门，历任要职，但却严于律己，而且注意教育子弟。他曾总结柳氏家法，著书告诫其子弟，要求他们严以律己，修身力学。

他说："夫门地高者，可畏不可恃。可畏者，立身行己，一事有坠先训，则罪大于他人。虽生可以苟取名位，死何以见祖先于地下？不可恃者，门高则自骄，族盛则人之所嫉。实艺懿行，人未必信，纤瑕微累，十手争指矣。所以承世胄者，修己不得不恳，为学不得不坚。"

在书中，他还总结柳氏家法，告诫其子弟要力戒"自求安逸，靡甘淡泊，苟利于己，不恤人言"，"不知儒术，不悦古道"，"胜己者厌之，佞己者悦之"，"崇好慢游，昵嗜曲蘖，以衔杯为高致，以勤事为俗流"，"急于名宦，暱近权要"等五大过失。

由于柳氏祖孙数代都能恪守礼法，清廉正直，家风良好，因而当时讲论家法者，都一致推崇柳氏。

◎故事感悟

柳公绰严于治家，子孙都接受他的教诲，以至于家风良好，一举一动都注重合乎礼法。即使到柳玭这代依旧严于律己，修身为学，并著书诫子弟，说明柳家的家教令人钦佩，值得后世传颂歌赞。

◎史海撷英

柳公绰断案

柳公绰是柳公权的哥哥，毛笔字写得也不错。他认为，心正才能笔正，所以对于道德操守是很注意的。安史之乱后的唐王朝很混乱，主要是官场腐败。

柳公绰是个清廉的官员，所以一直提拔不上去。这个体制是逆淘汰体制，官僚政体内部的党争非常激烈。君子不党，所以柳公绰总是平级调动，他也毫不在意。

有一次，他任满之后又到了一个新的地方，有两个积案等候柳公绰进行审理。案情其实并不复杂，有一位公职人员枉法徇私，居然将公文私改了几个字，造成了冤假错案。体制内的官僚们都认为算不了什么太大的事，比贪污受贿罪名要轻，处罚一下就可以了。

另外一个案子可是个命案，因为那位公职人员枉法徇私，激起了反抗。罪犯杀死了一名前去执法的公职人员，并刺死了陷害他的事主。

这样的刁民是必须处以极刑的，不杀不足以平民愤。柳公绰仔细审理了案情之后，居然将枉法徇私的公职人员定为死罪，那位杀人凶手只判了流放，令体制内的官僚大为不解。

柳公绰认为：乱法者是那位枉法徇私的公职人员，所以必须严加惩处，否则就国将不国，法成为乱法了。

至于那位杀人凶手，是对乱法者所进行的反抗，可以原谅，被害人也都有一定的责任。

因此处以流放。人们听后都很服气，没人说他乱了法纪，认为他是一位难得的好官。

◎文苑拾萃

赠毛仙翁

（唐）柳公绰

桃源千里远，花洞四时春。

中有含真客，长为不死人。

松高枝叶茂，鹤老羽毛新。

莫遣同篱槿，朝荣暮化尘。

柳玭著书诫子

◎举善而教不能，则劝。——《论语》

> 柳玭（？—895年），唐朝政治人物。柳仲郢之子，以明经补秘书正字。历官御史大夫。乾符中，出京为广州节度副使。黄巢陷广州，邓承勋以小舟载柳玭逃归长安。黄巢攻陷长安，柳玭为刃所伤。广明二年（881），随唐僖宗逃亡至成都，任中书舍人、御史中丞，在成都书肆中看到出售相宅、算命等杂书。光启元年（885），僖宗返长安后，柳玭迁尚书右丞。文德元年（888），以吏部侍郎修国史，拜御史大夫。后贬为泸州刺史，乾宁二年（895）卒于北归途中。曾经作《家训》告诫子弟："夫门第高，可畏不可恃。可畏者，立身行己，一事有坠先训，则罪大于他人。"时人评价甚高。著有《续贞陵遗事》。

在唐代，自魏晋形成的世家大族与庶族出身的权臣们的"名分"之争，导致了尊门第、重家世的风气盛行。

在这种风气的影响下，世家大族都希望子孙后代能保住家业，历代相传，不堕门第；而那些出身寒微庶族的权臣们，也希望子孙们承继父业，在他日立于世族之林。因此，与其他朝代相比，他们似乎更重视严诫子孙后代。唐末名相柳公绰之孙柳玭著书诫子孙的例子，颇具代表性。

柳玭是柳公绰之孙，柳仲郢之子。年轻时，以明经考试补选为秘书正字，后因书判出类拔萃，升任左补阙。柳家虽不属于有名望的世家大族，却也因家学隆盛而名噪于世。

为了使子孙后代避骄奢、诫淫佚，不坠家风，柳玭亲自著书，综合柳家数世以来严束子女的家规，用以教诫子孙。

在书中，柳玭首先强调了德行的重要性。书中说道：出身于高门世家的后代，虽然可以因祖先的荣耀而得到封位。但是，行事如若不慎，则会使百年基业毁于一旦。所以，子孙后代必须严于修己，注重德行。

接着，柳玭强调了立己的四个原则：一个人想要立己，必须做到以孝悌为基，以谦恭为本，以谦让他人为务，以勤俭持家为法。只有按照这样的处世原则行事，才能克奢侈、远祸患，使家世门第源远流长。

为了充分说明这一处世原则，柳玭又列举了许多孝悌、谦恭、勤俭的例子：号称四大名族之一的崔氏家族，之所以是其他世族所不能比拟的，是因为他们世代以来注重以孝悌为本。

崔琯的曾祖母年高无牙齿，崔琯的祖母竭尽孝心，使她数十年不吃成粒的饭食。尚书裴宽子孙众多，也是当世名门，武则天时，裴尚书的先人与当时的宰相魏玄同约为儿女亲家，还未及成婚，魏玄同被罗织罪名入狱，魏家被流放岭南，地位一落千丈。

裴宽的先人却以信为本，当魏家北还时，就隆重迎娶。这种不重势却重信义的行动，才使裴家有今天这样的兴盛。和我一同在官府任职的高公先兄弟三人，为人谦恭、勤俭，直到今天还被世人称颂。

列举了这些例子后，柳玭接着评论道：现在，人们都爱谈论因果报应，却不详细考究这是什么原因。大凡名门世族，都是由先祖遵循忠孝、勤俭的原则而立下的基业；而后世的坠落，却都是由于后代子孙的骄奢淫逸、不严于律己造成的啊！

因此，柳玭谆谆告诫子孙道：余家本以学识礼法称于士林，比见诸家于吉凶礼制有疑者，多取正焉。丧乱以来，门祚衰落，基构之重，属于后生。夫行道之人，德行文学为根株，正直刚毅为柯叶。有根无叶，或可俟时；有叶无根，膏雨所不能活也。至于孝慈、友悌、忠信、笃行，乃食之醯酱，可一日无哉？

◎故事感悟

望子成龙，这是每个做父母内心都期盼的事情。柳玭著书，通篇都为告诫，"望子成龙"的拳拳之心溢于言表，足为后人诫。

◎史海撷英

柳玭对人以表扬为主

唐朝的大夫柳玭因故被贬摘为泸州郡守。渝州有一位秀才牟磨，是都校牟居厚的儿子。此人并无文才，但他拿着自己写的文章来谒见柳玭，柳玭却对他评价很高，大加赞赏。

柳玭的子弟们认为他这样做太过分了，柳玭对他们说：

"巴蜀多出豪强之士，此人是押衙的儿子，却能够爱好学习、读书、写文章，如果不引导他上进，他就会灰心丧气，逐渐倒退。因为我称赞他，别人必然会看重他。他自己更会珍惜荣誉，越发上进。因此，而使巴蜀减少三五个草寇盗贼，不是很好吗？"

◎文苑拾萃

《太平广记》

《太平广记》是宋朝编的一部大书。全书 500 卷，目录 10 卷，取材于汉代至宋初的野史小说及释藏、道经等，以及以小说家为主的杂著，属于类书。

《太平广记》由宋代李昉、扈蒙、李穆、涂铉、赵邻几、王克贞、宋白、吕文仲等 12 人，奉宋太宗之命编纂。开始于太平兴国二年（977 年），次年完成。因成书于宋太平兴国年间，与《太平御览》同时编纂，所以叫做《太平广记》。

《太平广记》里引书约 400 多种，在每篇之末都注明来源，但偶有错误，造成同书异名或异书同名，因而不能根据它作出精确的统计。

现在，书前有一引用书目，共 343 种，但与书中实际引出数目并不符合，估计为宋代之后的人补加所记。

　　《太平广记》是分类编纂，按主题分 92 个大类，之下又分 150 多小类。如，畜兽部下又分牛、马、骆驼、驴、犬、羊、豕等细目，检索起来较方便。

　　从内容上看，所收最多为小说，可以说是一部宋代之前的小说总集，许多唐朝及唐以前的小说都因《太平广记》而保存下来。

欧阳修训诫子侄

◎一年之计，莫如树谷；十年之计，莫如树木；修身
之计，莫如树人。——《管子·修权》

欧阳修（1007—1073年），字永叔，号醉翁、六一居士，谥文忠，吉州庐陵（今属江西省永丰县）人，北宋儒学家、作家、官员，曾继包拯接任开封府尹，为唐宋八大家之一。

宋朝欧阳修是著名的文学家，他的散文写得很好，被人称为"唐宋八大家"之一。

他4岁丧父，家中贫寒，上不起学，也买不起纸笔。母亲只好自己教儿子念书。她在门外折了一枝荻杆，又在门前铺上一层细沙，就用荻作笔，沙为纸，一笔一画教儿子写字。

这就是历史上有名的"画荻教子"的故事。

后来，他终于成了大文学家，在朝廷做参知政事。

欧阳修廉洁守正，对亲属要求极严。有一次，他的侄子欧阳通理写信来说，要给他买朱砂来。

欧阳修连忙回信说：

"你昨日的书中说'要给我买朱砂来'，我不缺这东西！你在当官时就要严守廉正，为什么要买作官地方的东西呢？我在当官的地方，除了饮水外，未曾买一件东西，你要以此为戒！"

欧阳通理接到信后，十分感动，说："我应该向长辈学习，不应占公家便宜。"

◎故事感悟

　　欧阳修做事十分认真，也十分勤奋。他一生不但对自己要求严格，而且对其子侄要求也很严格。他时刻不忘做长辈的责任，这一点我们从文章中已有深刻的体会。对待公私，他十分认真，他不利用职权谋取私利，同时也不让他的侄子这样做，这种严格要求自己及约束子女的精神值得学习。

◎史海撷英

为人君止于仁

　　宋仁宗谦恭、节俭、仁慈、宽和，这是出于天性。每每遇到水旱灾害，他有时就在宫廷里私下祷告，有时就赤着脚站在大殿下面。

　　主管部门请求把玉清昭应官旧地辟为御花园，仁宗说："我承奉先帝的苑囿，还认为太大，怎么能做这种事？"

　　在家宴上，他也经常穿着一件已经经过多此浆洗的衣服。他的床帐被褥，也大多都用粗绸做成的。

　　夜里饿了，他想吃烤羊肉，但却告诫左右不要向御厨讨要，怕厨夫从此滥杀生灵，来准备随时需要。

　　判死刑尚有疑问的罪犯，仁宗都命令再上交议罪，每年常使千余名死刑犯活下来。吏部选拔官员，对一旦误判别人死罪者，都一辈子不被晋升。仁宗常对近臣们说："我从没用'死'字骂过人，怎么敢滥用死刑呢？"

　　至于夏人侵犯边疆，仁宗就赶他们出边境；契丹人背弃盟约，就增加每年所给银钱。

　　在位42年之间，仁宗吏治喜爱庸惰，任用官员蔑视残暴刻薄的小人；刑法喜欢松弛，判案的多是公正明允的官员。国家不是没有弊端，然而不足以牵累治世的国体；朝内不是没有小人，然而不能够压过善良人的正气。君臣上下同情怜悯百姓的思想，以忠诚厚道为本的国政，可以说对培养宋朝300多年的根基起了作用。后代子孙一改其治国之法，天下就逐渐乱了。

《左传》上说，做国君的，做到一个仁字就可以了。仁宗皇帝真是当之无愧呀！

◎文苑拾萃

恨春迟

（宋）欧阳修

欲借江梅荐饮。

望陇驿、音息沈沈。

住在柳州东，彼此相思，梦回云去难寻。

归燕来时花期浸。

淡月坠、将晓还阴。

争奈多情易感，风信无凭，如何消遣初心。

不为儿子出气

◎玉石金铁，犹可琢磨以为器用，而况于人！ ——汉 · 刘向

> 杨溥（1372—1446年），字弘济，号南杨，谥文定，湖广等处行中书省荆州府石首县（今湖北省石首）人。明朝内阁首辅、礼部尚书兼武英殿大学士，与杨荣、杨士奇共称"三杨"，是仁宣之治的缔造者之一。

明代杨溥，经过十余年的坎坷，终于在仁宗时，成为参预朝廷机要的大学士。

杨溥做了官，他的亲属也霎时变了姿态。他写信给家人说："我做朝廷要员，只是为国家出力，家中老幼不能因此而自恃。如若有亲戚以为我做了大官，于是就觉得了不起了，那是非常愚蠢的想法。"

半年后，他的儿子带口信说："父亲在京为官，儿子尚未到京城一看。父子一别数载，很想赴京城探望父亲。"

杨溥想了想，觉得数载不见儿子，也确实想念。到京城看一看，也未尝不可。

于是，他写信给儿子说："允许赴京来看望我，路上要节省费用，不可铺张。"

他儿子接到信后，准备了行装就出发了。

经过几十天的长途跋涉，他儿子终于来到了京城。

父子相见，十分亲热。

杨溥问儿子："你一路走来，过州走县，听说哪些官员比较贤能？"

他儿子不大明白，问："您问的是路上见到的地方官？"

杨溥点头。

他儿子想了想，说："我觉得有一位地方官最不贤！"

杨溥忙问："是哪一位？"

他儿子答道："江陵县范理最不贤！"

杨溥皱皱眉头，问："怎么个不贤法呢？"

杨溥的儿子望望父亲，说："我一路上，就数他招待得简慢。"

杨溥点点头，没有说话。

他儿子又说："哼，那家伙实在不怎么样，我看应该治一治他。"

杨溥说："不。他是好是坏，你想一想。我也要再查一查。"

杨溥暗暗记住了范理这个名字。不久，他听说德安需要派人去做知府，他立即向朝廷举荐说："江陵县县令范理为官清廉，可派他去。"

不久，上级接受了他的举荐，范理荣升德安知府。

杨溥举人以廉，不报私仇的消息渐渐传开了，同僚们纷纷称赞杨溥做得好。

他的儿子知道以后，惭愧地说："还是父亲对。"

◎故事感悟

杨溥听了儿子的话以后，并没有因自己的亲人受了冷遇而不快，相反，通过这件事，他十分欣赏这位不逢迎而廉洁的官员，并且推荐他升为知府。这个故事不但表现了范理的高尚品德,而且杨溥事事公心为上教育儿子的举动更令人佩服。

◎史海撷英

为君者，欲求事天，必先恤民

洪武二十年（1387年）春季正月十三日，明太祖用最隆重的祭祀礼在京城的南郊祭祀天地。祭礼完成，天气清爽明朗。

侍奉皇帝的大臣对太祖说："这是陛下敬天的诚意所取得的。"

太祖说："所说的敬天，不单独是严肃而有礼节，还应当有它的实际内容。上天把抚爱人民的责任交托给君主，做君主的人要想侍奉天，必须先抚恤人民。抚恤人民就是侍奉天的实际内容。就像国家让人担任郡守、县令的职务，若不能为人民谋幸福，就是忘记了君主的命令，对君主的无礼有哪个大于此呢？"

又说："作为人民的君主，敬天地爱人民，都是他应当尽的职责，祭祀天地，不是为自己祈求幸福，实际是为天下的百姓。"

◎文苑拾萃

建文帝下落的谜团

帝建文四年（1402 年）六月，谷王橞和李景隆背叛建文帝，招燕王朱棣的兵进城，都城陷落。宫中起火，无人知道建文帝的下落，后有传说他由地道逃走了。

明英宗正统五年（1440 年），有个和尚从云南到广西，诈称是建文皇帝。思恩府（在今广西，治所屡有变动）知府岑瑛将此事报告朝廷。

经审问，知此人是钧州（今河南禹县）人杨行祥，已经 90 多岁了，将他投入监狱，没过四个月就死了。与他同谋的和尚 12 人，全发配到辽东戍守。自此以后，滇、黔、巴、蜀各地，传说有建文帝做和尚时注来的遗迹。

吴讷赠外孙诗

◎举一隅不以三隅反，则不复也。——《论语》

吴讷（1372—1457年），字敏德，号思庵。常熟（今江苏常熟）人。父吴遵曾任沅陵簿的官职。吴讷为人刚介，史称"敬慎直廉，不务矫饰，议论举指，自耻诡随"。其人精于医术，永乐年间，被举荐至京。明成祖召对称旨，侍宫廷中。洪熙元年，任监察御史，宣德年间，出按浙江、贵州，累官至南京都察院左副都御史，曾揭发光禄丞董正盗窃官物。曾被右通政李畛诬陷入狱，不久释放。英宗四年（1406年）告老返乡，"布衣蔬食，环堵萧然"，如是十余年。江南巡抚周忱见他家居简陋，"欲新其居"，被吴讷谢绝。卒谥文恪。著有《文章辨体》、《祥刑要览》、《思庵文粹》等。

明正统四年（1439）三月，70岁高龄的副都御史吴讷致仕（退休）回到了故乡常熟（今属江苏）。

这位"敬慎直廉，不务矫饰"的老人，是因为秉正无私得罪了人，遭到诬告，才以老致仕的。他回到家乡后，便过着"布衣蔬食，环堵萧然"的清贫生活，一点也没有曾居高官的样子。

吴讷不仅对自己要求严格，对家人子弟也要求极严。也正因为如此，有时许多事情就很难令他满意。

比如亲家钱氏，是当地大家富户，子弟行为多有不法，吴讷的女婿便在其列。女婿毕竟不是儿子，不好过于管束，吴讷便把心血放到培养外孙上。

他的外孙钱昕还真争气，聪明而且循规守矩，少年有为，就在吴讷致仕还乡后五年，便考中了举人。得到捷报，钱昕特来谒见外祖父，报告这一好消息。

他原以为外祖父一定会非常高兴，夸奖自己一番。谁知吴讷只是点点头，说声知道了，就让人交给钱昕一把扫帚，让他打扫起庭院来。

钱昕打扫完毕，吴讷将他叫去，送给了他一首小诗，诗中写道：

> 阿昕近喜习科场，百里从师日夜忙。
>
> 老我曾闻前辈说，一凭阴骘二文章。

有人说，吴讷送给外孙这首诗，是因为怕他"或至于骄且隳"；也有人说，是因为钱昕的父亲多行不法，吴讷特地作诗教育外孙。

不管人们怎样说，钱昕是接受了外祖父的教诲。第二年，他考中进士，成化（1465—1487年）年间任官永州（今湖南零陵）知府，为政精勤，平赋役，审狱讼，成为地方良吏。

吴讷送给外孙的这首小诗，也为人所传诵。后人也常以此作为教育子弟的例子，说道："吴家外公，钱家小哥，教者真是能教，受者真是能受，汝孩儿当知这些。"

◎故事感悟

吴讷的这种安排可谓用心深远，像钱昕这样的富家子弟，又少年得志，难免会有自傲之心，吴讷故作无所谓的样子，又让他执仆役之劳，正是想折其年少英气，其实眼看着心爱的外孙成才，吴讷怎会不高兴呢？

◎史海撷英

吴讷题诗拒黄金

吴讷是明朝的一位清官。他在明洪熙元年担任监察御史，由于政绩卓著而晋升为南院右佥都御史，被称为"吴御史"。

吴讷为人耿直，任职十余年里给人的印象是心存恕宽，然而，那些奸赃不法之徒却不敢仰视吴讷，一提到他都会害怕。

有人曾用八个字形容他："昌词义色，风采凛然。"意为，吴讷在当时世风日趋腐败的情况下，能正自身，严于律己，始终保持着节俭清廉之风。

一次，吴讷巡抚贵州后准备东返回京时，地方官员为了讨好他，派人携黄金百两追至夔府馈赠给他。吴讷对这种行贿之举很反感，但他没简单地拒绝，也不像某些赃官那样，接受人送的东西然后再揭发严加惩处，以窃取更好的名声，又以名声索取大利。

吴讷接过贿金并未启封，只在上面题诗一首让来人将诗与黄金带回。

吴讷的题诗是：

萧萧行李向东还，要过前途最险滩。

若有赃私并土物，任他沉在碧波间。

从此，吴讷题诗拒黄金的故事流传开来。

◎文苑拾萃

宿承天观用杨廉夫韵

（明）吴讷

承天观里开图画，吴越山河一览中。

半夜月明湖水白，五更日出海门红。

彩船春晚笙歌歇，粉堞风高鼓角雄。

十二阑干都倚遍，归心飞过大江东。

郑晓训子

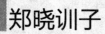

◎教者必以正。——《孟子》

> 郑晓（1499—1566年），浙江海盐人，字窒甫，号淡泉，嘉靖进士。曾授职方司主事，累官兵部右侍郎，兼副都御史，总督漕运。他征讨倭寇，颇有声名。以知兵，改右都御史，协理戎政，旋迁刑部尚书。以忤严嵩落职。通经术，谙悉掌故，博洽多闻。有《四夷考》、《吾学编》、《衡门集》、《北虏考》、《大政记》等。

明朝嘉靖三十九年（1560年）四月，刑部尚书郑晓被罢免官职，回到了家乡浙江海盐，居乡闲住。

郑晓，字窒甫，自嘉靖二年（1523年）考中进士，授官职方司主事，至此已居官近40年。历官考功郎中、太仆丞、太常卿、刑部侍郎、副都御史、南京吏部尚书、刑部尚书等职。史书中说他：“晓通经术，习国家典故，时望蔚然。为权贵所扼，志不尽行。”这里所说的权贵，主要便是指严嵩。

郑晓素与严嵩不和，凡郑晓欲置重典者，严嵩便故意宽假；凡郑晓欲予轻罚者，严嵩则置以重典。郑晓的最终被罢官，也是严嵩故意激怒明世宗而遭责罚的。

郑晓回到家乡，头戴角巾，身着布衣，与乡里父老们相游相处，谁也看不出他曾经是当朝的尚书大人。

郑晓落职还乡的第二年，他的儿子郑履淳考中了进士，授官刑部主事。儿子得官，自然是件令人高兴之事，可是郑晓却更为儿子能否做好官而感到忧虑。

嘉靖四十一年（1562年）冬天，他专门为初登仕途的郑履淳写下了这样一段训词：胆欲大，心欲小，志欲圆，行欲方。大志非才不就，大才非学不成。学非记诵云尔，当究事所以然，融于心目，如身亲履之。南阳一出即相，淮阴一出即将，果盖世雄才，皆是平时所学。志士读书当知此。不然，世之能读书、能文章，不善做官做人者最多也。

明朝著名思想家李贽认为，郑晓主张世用之学，"而于性命之说，义利之辨，咸能剖析精微，直窥堂奥"。

这篇训子之词，很反映了郑晓的这些特点，因此也被时人称誉为"最是名言"。

郑晓之子郑履淳受到这样的言传身教，在居官方面也是颇为清正的。他于隆庆初年上书朝廷，为父亲复官，朝旨特赠郑晓太子少保，谥端简。

但到隆庆三年（1569年），郑履淳便因直言上疏，谈及时政之弊，触怒明穆宗，被杖责一百，系刑部狱数月，后有言官说情，才得释，削职为民，与其父几乎是同命运。

所幸的是，穆宗死后，神宗即位，又起用郑履淳为光禄少卿，没有像郑晓那样死后复官追赠。

◎故事感悟

郑晓在训词中，不仅讲了做官的道理，也讲了做人的道理。胆大、心细、志圆、行方，这是为人处世的重要哲理。郑晓本人便是"学问淹博，经济宏深，持论正而不迁，严而不刻，刚而不激，高而不亢"。

◎史海撷英

秉性正直的郑晓

一次，明世宗责怪原先负责监察的言官不负纠劾的责任，命考功郎对朝臣进行考察，凡不称职的予以免职。

大学士严嵩想趁机排除异己，而郑晓不买严嵩的账，反而纠劾了乔信等13名严嵩党羽。

严嵩想把义子赵文华安插为考功郎，以便同郑晓抗衡。郑晓抓住赵文华也是浙江人这一点，向吏部尚书许赞进言道：

"从前黄祯任吏部文选司郎中时，要调李开先为考功郎。由于他俩都是山东人，帝诏不许。现在严嵩要调赵文华为考功郎，我郑某只有辞官下野了。"

郑晓的说话行事柔中有刚，结果许赞没同意严嵩的要求。

接着，严嵩又想把任治中的儿子严世藩任命为尚宝丞，郑晓又提出反对意见，说：

"治中调迁知府有例，调迁尚宝丞尚无先例。"

一句话将其顶了回去。

严嵩的提议一再受挫便恼羞成怒，设法报复。后借故将郑晓弹劾，郑晓被贬为和州同知。

◎文苑拾萃

《吾学编》

《吾学编》是明代郑晓撰写的一部纪传体史书，该书为记载了明洪武至正德间史事。

郑晓（1499—1566年），字窒甫，号淡泉，浙江海盐人，嘉靖二年（1523年）进士，历官至兵部尚书。郑晓通经术，擅史学，习典故。

《吾学编》的编写体例是仿正史，分记、表、述、考，凡十四篇，六十九卷。

《皇明大政记》以岁系月，凡与大政有关的人各为一记；《皇明逊国记》搜集遗文，补建文四年（1402年）革除残缺等事；《皇明同姓诸侯表传》列同姓诸王分封列藩。

书中的《皇明异姓诸侯表传》中，列开国、靖难、御胡、剿寇、戚畹、佞幸、列爵等；《皇明直文渊阁诸臣表》为记载内阁成员；《皇明两京典铨（尚书）表》记叙了南北两京吏部尚书；《皇明名臣记》中记文武名臣190余人的政绩；《皇明逊国臣记》中记载了逊国诸臣忠义的事迹；《皇明天文述》内记载灾异；《皇

明地理述》为记叙和分辨疆界;《皇明三礼述》述祀典;《皇明百官述(附表)》载诸司职掌;《皇明四夷考》中,记明了与各国关系;《皇明北虏考》则叙述明与蒙古的关系。以上各篇,每篇首皆有小序。

全书叙事原委详细,取材广泛,考核精详。现存为隆庆元年(1567年)初刻本,有工部尚书雷礼写序;又有万历间重刻本,有万历二十七年(1599年)李当泰写跋。

张廷玉代子谦让

◎今人无师法，则偏险而不正；无礼义，则悖乱而不治。——《荀子》

张廷玉（1672—1755年），字衡臣，号砚斋，安徽桐城人。他历经康雍乾三朝，29岁被康熙选为庶吉士，32岁授翰林院检讨，随后便平步青云，成了康熙的近臣。张廷玉真正发迹是在雍正一朝。立志改革的雍正，使他在官场上如鱼得水。雍正性猜忌，但独独相信张廷玉。乾隆登基后，张廷玉就逐渐从荣誉的最高峰上滑落。但他是清代汉臣获配享太庙的第一人，并开清代文臣封侯伯之先例。

康熙三十九年（1700年），张廷玉中进士后步入仕途，雍正初年晋为大学士，后兼任军机大臣。张廷玉身居高官却从不为子女们谋求私利。他秉承其父张英的教诲，要求子女们以"知足为诫"。

张廷玉的长子张若霭在经过乡试、会试后，于雍正十一年三月参加殿试。考官大臣阅卷后，将密封的试卷呈给雍正帝定夺。雍正帝阅到第五本时被试卷上端正的字体吸引，再看策内论"公忠体国"一条，有"善则相劝，过则相规，无诈无虞，必诚必信，则同官一体也，内外亦一体也"等论述，更为之一振。

雍正帝认为，此论述言辞恳切，"颇得古大臣之风"，于是将此考生定为一甲第三名，即探花。

拆开卷子看，得知此人即大学士张廷玉之子张若霭。

雍正帝欣慰地说："大臣子弟能知忠君爱国之心，异日必能为国家抒诚宣力。大学士张英立朝数十年，清忠和厚，始终不渝。张廷玉朝夕在朕左右，勤劳翊赞……张若霭秉承家教，兼之世德所钟，故能若此。"雍正帝立即派人告知了张廷玉这个消息。

按常理，儿子考中一甲，父亲本该高兴。但张廷玉觉得儿子还年轻，一举成名并非好事，应让儿子继续努力奋进。于是，他没把这个喜讯告诉家人，而是另有打算。

张廷玉面见雍正帝，诚恳地向雍正帝表示：自己身为朝廷大臣，儿子登一甲三名不妥。雍正帝说："朕实出至公，非以大臣之子而有意甄拔。"

张廷玉再三恳辞，他说："天下人才众多，三年大比，莫不望为鼎甲。臣蒙恩现居政府，而臣子张若霭登一甲三名，占寒士之先，于心实有不安，倘蒙皇恩，名列二甲，便已为荣幸之至。"

清代的科举制，殿试后按三甲取士，一甲三人，即状元、榜眼、探花，称进士及第；二甲若干人，称进士出身；三甲若干人，称同进士出身。凡选中一、二、三甲者，可统称为进士，但一、二、三甲的待遇不同。一甲三人可立即授官，成为翰林院的修撰或编修，这是日后高升的重要台阶；二、三甲则需选庶吉士，数年后才能授官。

张廷玉深知这些差别，但为了给儿子上进的机会，还是提出改为二甲。

雍正帝以为张廷玉只是谦让，便说："伊家忠尽积德，有此佳子弟，中一鼎甲，亦人所共服，何必逊让？"

张廷玉跪在皇帝面前再次恳求："皇上至公，以臣子一日之长，蒙拔鼎甲。但臣家已备沐恩荣，臣愿让与天下寒士，求皇上怜臣愚衷。若君恩祖德，佑庇臣子，留其福分，以为将来上进之阶，更为美事。"

经张廷玉如此恳求，雍正帝只好将张若霭改为二甲第一名。但在张榜的同时，雍正帝为此事特颁谕旨，表彰张廷玉代子谦让的美德。

张若霭很理解父亲的做法，他不负父望，在学业上不断进取，后来在南书房、军机处任职时尽职尽责。

◎故事感悟

张廷玉代子谦让的事，一直为后人所称道。人们只是盛赞其谦让之美德，却忽略了他的良苦用心。其实，张廷玉和千千万万个做父亲的人一样，也是望子成龙。所不同的是，他知道一个人的上进要靠自己的努力，因此，他积极为儿子创造不断上进的机会从而培养出了一位优秀的人才。

◎史海撷英

重臣张廷玉惨遭乾隆羞辱

清朝雍正帝驾崩时，大学士鄂尔泰和张廷玉被任命为辅政大臣。乾隆为了拉拢二人，刚即位时下令给予其配享太庙待遇，这可谓是至高无上的荣誉。

但乾隆稳住皇位后，见鄂尔泰过于嚣张，便将鄂尔泰革职，并剪除其朋党。张廷玉虽然没像鄂尔泰那样张狂，但在张的关照下，张家和亲家有二三十个人为官，加上其门生故旧，势力亦不可小觑。乾隆对张廷玉的党羽势力心怀不满。

乾隆十四年，张廷玉因年老请奏退休，奏折里提到"以世宗遗诏许配享太庙，乞上一言为券"，意为让乾隆帝按照以前承诺的"配享太庙待遇"做。

乾隆很恼火，但念及他马上退休便同意了。但第二天，圣旨还没发出，张廷玉便入朝谢恩。原来是出自张廷玉门下的军机大臣汪由敦提前给张透了信儿。

乾隆大怒，解除了汪由敦协办大学士和刑部尚书的职务，仍旧让他在刑部任上赎罪。

但张廷玉不知其故，却来谢恩。乾隆早对张廷玉不满，说："太庙配享的都是功勋卓越的元老，你张廷玉何德何能，有何功绩，可以和那些元勋比肩？鄂尔泰他还算有平定苗疆的功劳，你张廷玉所擅长的不过是谨慎自将，传写谕旨，就像我诗里写的那样，'两朝纶阁谨无过'罢了！"

乾隆下令革去张廷玉的伯爵之位，只让其以大学士衔退休。

但乾隆也不好违背自己即位时的许诺，还是准张廷玉配享太庙，但私下却一直说："张廷玉实不当配享。"张廷玉84岁死后，乾隆让他进了太庙，并谥号"文和"。

◎文苑拾萃

《清会典》

《清会典》又称《大清五朝会典》、《大清会典》，是清朝康熙、雍正、乾隆、嘉庆、光绪五个朝代所修会典的总称，是清代制定的行政法典。

康熙二十三年（1684），清朝廷下令仿《明会典》开始纂修会典，由大学士伊桑阿、王熙任总裁。按中央行政机关分卷，每行政机关下规定该机关的执掌、职官设置、处理事务的程序构成会典正文，正文后附有与机关相关的规则作为补充。《康熙会典》内容自崇德元年(1636)至康熙二十五年(1686)，共162卷，历时6年完成。

雍正二年（1724），开始对康熙二十六年后的礼仪条例补充，由大学士尹泰、张廷玉任总裁，于雍正十年（1732）编成《雍正会典》250卷，所载止于雍正五年。

乾隆十二年(1747)，始修《乾隆会典》，由履亲王允裪，大学士傅恒、张廷玉任总裁。书成于二十九年(1764)，内容自雍正六年(1728)至乾隆二十三年(1758)，后又展至二十七年(1762)，内容分为《清会典》100卷，《清会典则例》180卷。

嘉庆六年(1801)，始修《嘉庆会典》，由大学士托津、曹振镛任总裁。书成于二十三年(1818)，内容自乾隆二十三年(1758)，止于嘉庆十七年(1812)，展至二十三年(1818)，内容总计1140卷。

光绪十二年(1886)，修《光绪会典》，由大学士昆岗、涂桐任总裁。书成于二十五年(1899)，内容自嘉庆十八年(1813)，止于光绪十三年(1887)，展至二十二年(1909)。全书总计1599卷。

《大清五朝会典》是按行政机构分目，内容为宗人府、内阁、吏、户、礼、兵、刑、工六部，理藩院、都察院、通政使司、内务府以及其他寺、院、府、监等机构的有关制度，是以行政法律为主要内容的法律汇编，详细记述了清朝从开国以来的行政法规和各种事例。

《大清五朝会典》不仅是清朝行政法典大全，也是中国封建社会时期最完备的行政法典。

杨遇春家法严正

◎博学而详说之，将以反说约也。——《孟子》

> 杨遇春（1760—1837年），字时斋，清四川崇州人。武举出身；乾隆年间，屡从福康安作战，升到守备；乾隆六十年（1795年）从往贵州，镇压苗民起义；于嘉庆二年随额勒登到湖北，转战川陕，平定白莲教川楚教乱；嘉庆十八年为参赞大臣，从那颜成镇压林青、李文成叛乱，攻破滑县；道光五年（1825年）任陕甘总督，次年出兵平定张格尔；后以年老辞官，进一等侯；谥忠武。

人们对杨遇春所乐道的生平事，除了他的赫赫战功外，还有一个重要的内容，那就是他治家有方，家法严正。

杨遇春对子女的严格要求和管教，在当时也是朝野闻名的。史载，杨遇春"性严毅，治家有法，然交友驭下，则谦退温和，不以爵骄人，不以功自伐，故朝野无闲言"。对朋友谦，对家人严，这是杨遇春处世的原则，也是他受到世人尊重的重要原因。

杨遇春对子女的教育非常严格。或许是由于长期治军所形成的习惯，他对子女的要求从来是说一不二，颇有些军令如山的味道。因此，"子弟皆谨守其家风"。

杨遇春有一个弟弟，两个儿子。弟弟杨逢春一直随其在军中征战，后累擢至总兵。长子杨国佐，亦继承父业，效力于军营；次子杨国桢，"少倜傥，豪饮不羁"，杨遇春对他的管教最严，在他身上下的工夫也最多，使他逐渐改

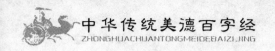
掉了恶习，并努力读书，后来得以乡试中举。

就是在杨国桢做官以后，杨遇春仍不断地教育他要以国事为重，时时想着为朝廷效力，在忠孝不得两全时，可以不孝，而不可不忠。

嘉庆末年，杨国桢以户部郎中出任安徽颍州府知府。是时，其兄国佐也以守备引见。皇帝考虑这兄弟二人好久没与父亲见面，便"并予假省亲"。

当时，杨遇春正领兵驻甘肃固原。于是，兄弟二人跋涉数千里，自京城赶到固原大营看望父亲。

杨遇春得知儿子新任颍州知府，却不急于上任理政，反而到军中来省亲，十分不满，遂下令不许入营。待国桢至营门，被守卫者拦住，不许入内。后国佐入营，跪请父亲，允许弟弟入营。

杨遇春考虑了很久，才让守卫放行。他在军中议事庭上见了儿子，并当众指责他有负皇恩。国桢连忙免冠谢罪。

杨遇春严肃地对他说："吾起武举，上拔擢至此，恩遇无比，常恐老不知所报。始吾期汝云何，而忘之也？"遂下令施杖刑。

在场的"文武官吏为叩头乞免"，而杨遇春坚决不允，杖刑之后，众人"皆大骇服"。

道光初年，杨国桢被授为云南按察使，赴任之前，他向道光帝辞行。道光帝半开玩笑地对他说："好为之。如有不称，当语尔父知之耳。"可见，当时连皇帝也知道杨遇春家法之严。

正是在杨遇春严格教育下，杨国桢进步很快。他竭力为国家效力，后历任河南巡抚、闽浙总督，终于没有辜负父亲的殷切期望。

◎故事感悟

古人在教子成才方面积累了许多可供借鉴的经验。有人对子女循循善诱，使子女健康成长；有人以身作则，言传身教，为子女树立榜样；也有人严格要求，使子女改掉恶习，走上正路。清朝的杨遇春就是一位以严格教子而闻名的贤臣。

◎史海撷英

八卦教

八卦教是中国民间宗教之一，又称五荤道或收元教、清水教，为清康熙元年（1662年），山东单县人刘佐臣所创。

刘佐臣早年加入过白莲教、黄天道等教派。八卦教创立之初，本名为收元教，教徒依八卦分为八股，故名八卦教。刘佐臣按《八卦图》"内安九宫，外立八卦"的组织形式收徒设教。所谓八卦九宫，八卦即八宫，加上中央宫为九宫。该教多传布于河北、河南、山西等地。该教义强调，儒、释、道三教合一，修炼内丹。

自从刘佐臣创教开始，刘姓教首历来位居中央宫，其他各教由刘姓教主委派卦长掌教，各卦教的力量大小不一，分布也并没严格遵守八卦所定方位。八卦教专以敛财为主，富甲一方。

乾隆十六年（1751年），山东人王伦入教，开始传播清水教并自比皇帝，清廷派大学士舒赫德前往镇压。

乾隆三十七年（1772年），该教被清廷取缔。嘉庆年间，出现了刘功的离卦教，又有林清分裂出另一支天理教。

道光元年（1821年），教主吴得荣被捕按律处死，马万良继任八卦教主。马万良之子马进忠掌管八卦教，改为明天教，并尊刘功为尧王转世。

◎文苑拾萃

《华阳国志》

《华阳国志》又名《华阳国记》，是一部专门记述古代中国西南地区地方历史、地理、人物等的地方志著作，由东晋常璩撰写于晋穆帝永和四年至永和十年（348—354年）。

　　全书共约11万字，分为巴志、汉中志、蜀志、南中志、公孙述、刘二牧志、刘先主志、刘后主志、大同志，李特、李雄、李期、李寿、李势志，先贤士女总赞，后贤志，序志并士女目录等，共12卷。

　　洪亮吉认为，此书与《越绝书》是中国现存最早的地方志。不像之前的地方志只局限于某一方面，《华阳国志》内容结合了历史、地理、人物三方面的内容，较为全方位地反映了这一地区的历史。

裘曰修严格训子

◎中也养不中，才也养不才，故人乐有贤父兄
也。——《孟子》

裘曰修（1712—1773年），字叔度，江西新建人。乾隆年间进士，历官翰林院庶吉士、编修、吏部侍郎、工部尚书。

　　清朝乾隆年间，有位礼部尚书裘曰修，不但以治学严谨著称，而且，他还以教子严格而闻名。

　　裘曰修，字叔度，江西新建人。乾隆四年（1739年）进士，历官吏、户、礼、刑、工各部。裘曰修任官多年，为人处世"有大度，自号漫士，人亦亲之。生平未尝言人过，见失意者即恻恻于怀，必曲折代筹，俾得其所"。他是位待人极宽的忠厚之人。但是在家庭教育中，他对儿子的要求却极为严格。

　　裘曰修任礼部尚书时，曾主持复核会试的考卷。在复核到某省一位考生的试卷时，众考官发现该卷内有"社稷镇公子"一语。

　　当时，在场的人都认为这是该考生自己杜撰出来讥刺朝廷的，因而主张予以追究。裘曰修虽知道那句话有出处，但又一时想不出到底出自哪本书。由于不忍对考生进行追究，于是他便劝各位考官暂时不要声张，待他回家查阅资料，弄清情况以后再说。

　　回家之后，裘曰修顾不上休息，立即查阅各种资料。但是，翻了儿本书之后，也还是没能找到那句话。正巧，就在裘曰修着急的时候，儿子裘麟从

外面回来。

于是，裴曰修便问当时任翰林院编修的裴麟，是否知道"社稷镇公子"的出处。

裴麟也是个读过很多书的人，但他一时也想不起出处，由于怕父亲责备自己学识浅薄，便信口胡诌，说大约出自《国语》。

见儿子说得不够肯定，裴曰修又追问他是不是记得准？裴麟见话已出口，不便更改，只好硬着头皮说是《国语》。

裴曰修信以为真，又加上政务繁忙，因此未来得及去对《国语》，便告诉了其他考官。这样，总算使那位考生免于追究。

但是，事隔不久，裴曰修因其他事情翻阅《左传》，偶然中竟发现了"社稷镇公子"一语，他意识到儿子可能欺骗了他。

为了弄清《国语》中是否也有这句话，他将《国语》从头到尾查阅了一遍，结果真相大白。他对儿子这种不懂装懂的态度十分恼火。

待裴麟回家后，裴曰修立即把他叫到面前，喝令他跪下，并以圣人所云"知之为知之，不知为不知"训斥儿子，质问他何以不遵圣言，不懂装懂？

裴麟被训斥得面红耳赤，连声称错，深深自责，并表示今后再也不干这种事，老老实实地做学问。

这件事对裴麟的教育极为深刻。从此，他牢记父亲的教诲，并以父亲为榜样，严谨治学，后来学问大有长进。

后人曾赞扬裴曰修，说他"课子之严，待士之宽，一举而两善备焉"。

◎故事感悟

裴曰修对待事物的严谨程度可见一斑，正所谓"知之为知之，不知为不知"，只有认真对待学问，不要不懂装懂，才能让学问更进一步。

◎史海撷英

裘曰修夫妇合葬墓

裘曰修（1712—1773），字叔度、漫士，江西省南昌市新建县人。为清代名臣、诗人。清乾隆元年进士，历任礼、刑、工部尚书。

裘曰修夫妇合葬墓位于江西南昌新建太平乡合水桥以西一千米的竹林幽谷中。该墓已被盗，墓碑已失，周边设施也受到严重损毁。封冢有护圈，由石料砌成，直径约四米。墓砖上印有阳文"裘文达公墓"及"一品夫人熊太君墓"。

裘曰修历任翰林院编修、内阁学士、礼部及刑部尚书、四库馆总裁等官职。乾隆皇帝称赞他"品学端醇，才猷练达"。晚年加封太子少傅。

裘曰修夫人熊氏是位有传奇色彩的女性。她虽是南昌农村闺秀出身，但在丈夫获罪系狱刑部之时，千里赴京探夫，直面皇帝澄辩冤情。皇太后对她更是欣赏，认作义女，这样的天缘巧遇她成了"皇姑"。

民间传说，她是麻脸大脚、相貌并不美，但在乡里灭暴除贪、救助贫弱、好打抱不平，被誉为名门内助。正因如此，她与丈夫的合葬墓冢也被称之为"皇姑墓"。

◎文苑拾萃

千　山

（清）裘曰修

我生爱水兼爱山，山山出地犹人间。

兹山凤闻在天上，觌面何肯辞跻攀。

歇马步入祖越寺，罗汉古洞相寅缘。

探幽历险下复上，狮口一线光明穿。

最上云是卧象脊，缕缕细路愁猱猿。

眼中仿佛见远水，岛屿的的撑如掌。

樵人拾级更前导，嵌空旧刹临龙泉。

挂天一瀑喷白玉，照海千朵开青莲。

山僧瞧盱揖客坐，棱棱瘦骨来癯仙。

为言山中五大寺，大安中会栖东偏。

中有仙台号绝胜，香岩路杳隔云烟。

石梁架鹤凡数折，况复冰雪连屏颠。

我言斯游愿已足，未可恣意稽辎轩。

向来奇境岂有此，相与叹诧卑中原。

别山欲去还俄延，愧无好句留山巅。

我尝恭读御制集，无情往往超尘寰。

前云华泰应齐峻，后谓且付孤僧闲。

翠华两幸未果至，几经念结形诗篇。

山兮会当邀玉趾，我亦扈跸期他年。

集中二诗照天壤，名山亦藉诗俱传。

山灵闻有似慰意，松涛响答声倏然。

寒风日晚吹我前，徐徐理辔回吟鞭。

尚余一事怀抱牵，东欲奋飞天羽翰。

从来可望不可即，岩长万古高于天。

钟令嘉鸣机夜课

◎贤者以其昭昭使人昭昭，今以其昏昏使人昭昭。——《孟子》

> 钟令嘉（1706—1775年），字守箴，晚号甘荼老人，余干瑞洪（今江西省饶州）人，清代著名文学家蒋士铨之母。早年以女工手艺换取衣食之资，维持一家生活。士铨4岁，令嘉则段竹成丝，点画成字以教之，稍长，即亲自执教诗文。后士铨考取功名，官至翰林，又告诫云：文采莫骄人，安贫即报亲，并认为儿子性格不合适官场，嘱其告归。令嘉卒后，袁枚亲为作墓志铭，士铨亦曾做《鸣机夜课图记》以纪之。令嘉著有《柴车倦游集》，但后已佚失。

清朝乾隆年间，江西铅山县出了位名人，他就是与袁枚、赵翼齐名，被称为"江右三大家"之一的蒋士铨。

蒋士铨24岁中进士，后官至翰林院编修，并在文学上很有造诣。蒋士铨的成长，与其母钟令嘉循循善诱、孜孜不倦地教诲是分不开的。著名的《鸣机夜课图》即生动地再现了钟令嘉严格教子的感人情景。

钟令嘉，自幼从父读书，18岁嫁到蒋家。蒋家家境贫寒，钟令嘉"历苦穷乏人所不能堪者"而"怡然无愁"。儿子士铨两岁时，丈夫蒋坚便为生计所迫不得不抛妻别子外出谋生，她只好带着儿子寄食于娘家，并从此独自承担起教子成才的重任。

士铨4岁时，钟令嘉便开始"授以四子书及唐人诗"，并教他学写字。

开始，士铨因拿笔不稳，写出的字歪歪扭扭，不像样子，钟氏一时性急，便责备了几句。不料，士铨一赌气，索性不写了，任母亲如何哄逗，

就是不听。

母子间的小小风波，引起了钟令嘉的深思。尽管她心里十分着急，却没有硬逼着孩子再写。她在想，如何才能引起孩子的学习兴趣呢？

一天，她看到士铨在地上摆弄几根小竹棍，插来插去，津津有味，于是，一个念头突然闪出。她决定先让孩子从识字开始，以后识字多了，有了兴趣再练写字。她找来竹片，劈了一大把竹签，有粗有细，有长有短，并在桌子上摆弄起来。

士铨看到妈妈也玩竹棍，特别惊奇，立刻跑到妈妈身边，要和妈妈一起玩。钟氏见此法奏效，十分高兴，于是耐心地和儿了一起玩组字游戏。

她先用竹棍不断变换，摆了几个字，看到儿子十分专心，然后又抽出不同的竹棍，告诉他哪个叫"点"，哪个叫"横"，并告诉他，字就是用这些点、横、竖组成的。

一下子，士铨的兴趣上来了，钟氏便用竹棍"合而成字，抱铨坐膝上教之，既识，即拆去"。

就这样，钟氏正式开始教儿子识字，而且"日训十字，明日令铨持竹丝合成所识字，无误乃已"。士铨6岁的时候，已经认识了很多字。这时，不用母亲督促，他便自觉地拿起了毛笔。

钟令嘉的娘家也不宽裕，她每天都要纺些纱来换钱，以补家中不足。冬季夜长，钟氏每天都是一边纺纱，一边教子读书。

她把书放在自己的双膝上，"令士铨坐膝下读之"，自己"手任操作，口授句读"。每每寒夜，琅琅读书之声与嗡嗡纺车之声相和。有时，士铨因困倦，就在母亲膝下睡一会儿。

每当这时，钟氏便"少加夏楚"，随即又抱着儿子，流着泪心疼地说："儿及此不学，我何以见汝父？"

士铨看到母亲流泪，也感动泪下，于是捧起书继续读下去。至夜分寒甚，钟氏坐于床，拥被覆双足，解衣以胸温儿背，共铨朗诵之。

就这样，钟令嘉每天要陪儿子读书至鸡鸣才休息。钟令嘉的几个姐姐见她如此严厉地教子读书，便劝她说："妹一儿也，何苦乃尔？"

　　钟令嘉对诸姐说："子众可矣，儿一不肖，妹何托焉？"说得姐姐们也不好再说什么了。

　　士铨9岁的时候，钟令嘉便给他讲授《礼记》、《周易》、《毛诗》，闲暇之时，"更录唐宋人诗教之"。

　　母子二人身体都不好。士铨患病时，钟氏便与他住一室中，精心护理。待病稍好，钟氏就指着室内墙壁上挂着的条幅教子低吟，以此为乐。

　　钟氏患病时，士铨也是不离母亲左右。

　　一次，他天真地问母亲："母亲有什么忧愁吗？"

　　母亲回答说："是的。"

　　士铨又问："怎样才能帮助母亲解忧呢？"

　　母亲说："儿能背诵读书，就解了母亲的忧愁了。"

　　于是，士铨站在母亲床前，大声背诵。

　　钟氏终于面带笑容，满意地说："我的病已经好多了。"

　　从此以后，钟氏有病，"铨即持书诵于侧，而病辄能瘥"。

　　钟令嘉的心血没有白费，儿子蒋士铨终于在母亲的教诲下逐渐成长起来，并成为清代著名的文学家。

　　蒋士铨成才之后，始终没有忘记母亲的教诲之恩。在他晚年的时候，还专门请一位老画师作了一幅《鸣机夜课图》，描绘了当年母亲深夜纺纱、劝其读书的情形，以表达对母亲的感激与怀念之情。后来，这幅图便成了清人教子的教材。

◎故事感悟

　　《鸣机夜课图》，一幅画表达了蒋士铨对于母亲钟令嘉的感激与怀念，也表露出钟令嘉对蒋士铨的不遗余力地教诲，纵使在病重期间，她仍然敦促儿子不断学习，堪称教育子女的一代楷模，值得学习。

◎史海撷英

钟令嘉婚后清苦

钟令嘉18岁嫁给江西铅山的蒋坚，当时蒋坚已46岁。蒋士铨对此事的叙述是：

母年逾笄，媒者纷至，纨绮市井，群口称利。

翁曰："里儿是岂我婿？择婿实难，姑以待字。"

是时我父，齿越强壮，壮游来归，内忧初既。甘载天涯，不告不娶。实养亲志，后土皇天，共闻是言。

翁曰："孝哉！斯人信贤，吾女克孝，礼法不愆。不字云何，克配是焉。乃破俗议，独行其意。坚子何知，老夫克慰。"

蒋坚原籍浙江湖州府，本姓钱。1644年，蒋士铨的祖父钱承荣9岁，因战乱流落到铅山县永平镇，被邑长蒋圣宠收为子嗣，于是改蒋姓。蒋氏并不富有，并祖父母早逝，而蒋坚只是个秀才，一直未成功名，且为人有古烈士遗风，因而蒋家的生活也很贫苦。

蒋士铨曾记道"明年乙巳，府君贫益甚。五月，两伯父主令析爨，吾父母居旁舍，家四壁立。……是年十日，士铨生"，蒋士铨就是在这样的环境中出生。他还记载过年的情况：

"时家贫甚，小除之日，室如悬磬，母搜盖箧，得青蚨七文，遣奴子市鲁酒半升，盐豉一区，抱儿煨楖柚以守岁。"

过年时尚且如此清贫，可见当时家里的清苦。

钟令嘉20岁生士铨，因家境穷困，蒋坚远行谋生，把蒋士铨母子寄食在娘家，娘家人对她们母子非常照顾。蒋士铨在《清容居士行年录》中曾到："诸舅视母，若未嫁时。"

◎文苑拾萃

腊日寄铨儿

（清）钟令嘉

北地寒威重，怜伊客里身。

音书差慰我，贫贱莫骄人。

失路皆由命，安时即报亲。

师言当服习，莫负诲谆谆。

汝妇能承顺，无时离膝前。

居然兼子职，久已得姑怜。

生育宜佳气，平安似昔年。

传声语夫婿，孤馆减忧煎。

汝妹依丘嫂，幽窗共食眠。

穿针才学绣，识字不成篇。

闺训粗知听，童心未尽蠲。

归期宁解卜，时刻掷金钱。

频年思子泪，前月抱孙才。

忆汝孩提似，原他祖德该。

啼声劳客试，秀骨或天来。

归日应过膝，闻当笑口开。

心情怜下第，约略似前番。

官道应攀柳，家庭已树萱。

恃才防暗忌，交友戒多言。

结习还当扫，新诗莫诉冤。

力学看驹隙，从游汝得师。

遥分五秉粟，足供十人炊。

汝友皆相念，肥甘数见贻。

呼吾如若母，问慰过时时。

仆婶爱菘韭，同锄半亩园。

门关饶岁月，居僻远尘喧。

夜火机伊轧，家人乐笑言。

眼昏今益甚，书帙懒重翻。

梦尔天涯路，肩舆往复频。

师方为讲学，客岂是依人。

驷马题桥志，双亲属望身。

而翁坟上草，今已四回春。

曾国藩严于教子

◎教子，养子，取之，任之，有一非其道，则是以败天下之人才。——宋·王安石

曾国藩（1811—1872年），初名子城，谱名传豫，字伯涵，号涤生，谥文正，清朝湖南长沙府湘乡白杨坪（现属湖南省娄底市双峰县荷叶镇天子坪）人，宗圣曾子七十世孙。中国近代政治家、军事家、理学家、文学家，清朝"中兴名臣"之一，官至武英殿大学士、两江总督。同治年间封一等毅勇侯，世袭罔替。

曾国藩以治家有方而闻名于世。他的治家理论，不仅被当时人奉为典范，就是在今天也仍有许多积极内容值得借鉴。

其中，教子成才是他全部治家理论中的一项十分突出的内容，尤其受到世人的重视和推崇。在曾国藩去世至今的一百多年当中，有很多种版本的有关曾国藩的教子书流传，并非偶然。

近年，岳麓书社出版了《曾国藩全集》。其中有"家书"一项，共收曾国藩家信1459封，这里涉及教子内容的有175封，时间自咸丰初年至同治十年。人们可以从字里行间中看出，在长达20年的过程中，曾国藩对子女的成长，每一步都倾注了心血。

当然，曾国藩也是望子成龙的，但他爱子而不溺子，对子女的教诲之殷切，要求之严格，在封建官僚中还是不多见的。

曾国藩在对子女的教育中，特别突出了一点，那就是严格要求子女，不许以官宦子弟而骄奢。曾国藩明确表示："凡人多望子孙为大官，余不愿为大

官，但愿为读书明理之君子，勤俭自恃，习劳习苦。"

他清楚地看到"凡仕宦之家，由俭入奢易，由奢返俭难"。

因此，他经常提醒子女"世家子弟最易犯一奢字、傲字"，而且强调："不必锦衣玉食而后谓之奢也，但使皮袍呢褂俯拾即是，舆马仆从习惯为常，此即日趋于奢矣。见乡人则嗤其朴陋，见雇工则颐指气使，此即日习于傲矣。"

他还以京师八旗子弟的变化作为反面教材教育子女，提醒他们力戒骄、奢二字。为了不让自己的子女沾染骄、奢习气，曾国藩经常从生活中的一点点小事抓起。

例如，他要求子女在家中不许唤人取水添茶，拾柴、收粪等事都要自己动手去做；出门应步行，不许坐轿，不许骑马；甚至要求子女"不可学大家口吻，动辄笑人之鄙陋，笑人之寒村"。

有一次，一个叫李雨苍的生员因仰慕曾国藩，步行数千里至湖南，拜谒其家。当时正值曾国藩外出，其子出门相迎，见是一位书生，且"衣敝而风尘满面"，遂"有慢色"。

李雨苍见状，上前训斥道："而父以礼士闻天下，若慢士如此！"曾国藩回家后，得知此情，严厉批评了儿子，并将李雨苍留在幕下。

由于曾国藩常年在外，因此他多次写信让他的弟弟们帮助管教子女，而且强调要严格。一次，他在给诸弟的信中说："吾在外既有权势，则家中子弟最易流于骄，流于佚，二字皆败家之道也。万望诸弟刻刻留心，勿使后辈近于此二字。至要，至要。"

他还提醒弟弟们对子女的过错不可姑息，"一次姑息，二次三次姑息，以后骄惯则难改，不可不慎"。

曾国藩在对子女的教育中，还注意从小培养他们树立起成大器的志向，而不是靠父辈的地位谋求闻达。孩子们小的时候，他要求他们一边读书，一边劳动。这样，既能增长知识，又能体会到稼穑之艰难。对于读书，曾国藩一直主张，既要刻苦，又要学以致用。

他曾对长子纪泽说："余在军中不废学问，读书写字未甚间断。……尔今未弱冠，一刻千金，切不可浪掷光阴。"

为此，他要求纪泽，以后凡有人来军营，务必带信给他，向他汇报自己的学习情况。他知道纪泽的记忆平常，因此告诫他不必力求读书背诵，"但宜常看生书，讲解数遍，自然有益"。

为了使儿子们学到真本领，曾国藩反对孩子们学八股文。他曾对纪泽说："八股文、试帖诗皆非今日之急务，尽可不看不作，至要至要。"又对次子纪鸿说："纪鸿儿亦不必读八股文，徒费时日，实无益也。"这种看法在当时是很难得的。

孩子们长大以后，曾国藩便告诉他们"立志"的重要。他曾语重心长地说："凡将相无种，圣贤豪杰亦无种。只要人肯立志，都可以做得到的。"

"立志二字，兄弟互相劝勉，则日进无疆矣。"身为封建王朝将相的曾国藩能以此来教育子女也算是难能可贵了。这一教诲对子女们日后的立身无疑起了很大作用。

曾国藩在对子女的教育中，还具体指导他们应该如何做人。从孩子们少年时候起，他就要他们每日早起，不可贪图安逸，"有福不可享尽，有势不可使尽"。稍长，他又告诫他们不可摆官宦人家的架子，要"善待亲族邻里"。

儿子考入县学，他提醒说："世家子弟衣食起居，无一不与寒士相同，庶可以成大器；若沾染富贵气习，则难望有成。"

儿子参加科举考试，他又提醒说："世家子弟，门第过盛，万目所属，……场前不可与州县来往，不可送条子。进身之始，务知自重。"

儿子结婚，他不许奢华铺张。结婚后，他又要儿子率新妇一起勤俭治家。

曾国藩还能针对孩子的弱点和不足进行教育。他曾对纪泽说："无恒是吾身之大耻，不重是尔身之短处，故特谆谆戒之。"

后来，曾纪泽果然下决心克服了自身的弱点。在他做官之后，能以国家、民族利益为重，为祖国立下了不朽的功绩。曾纪泽曾以驻英公使兼驻俄公使

的身份赴俄交涉，不怕俄国的威逼利诱，索回被沙俄强占了10年的伊犁大部分地区，得以名垂青史。

◎故事感悟

曾国藩教子成才是他全部治家理论中的一项十分突出的内容，尤其受到世人的重视和推崇。曾国藩也是望子成龙的，但他爱子而不溺子，对子女的教诲之殷切，要求之严格，在封建官僚中还是不多见的。而他的长子曾纪泽就是在曾国藩的谆谆教导下，克服了自己的弱点，在做官后能以国家、民族利益为重，为国家立下了不朽的功绩而名垂青史。

◎史海撷英

曾国藩围剿太平军

道光三十年十二月（1851年1月），洪秀全在广西发动金田起义，太平天国运动爆发。四月，曾国藩上《敬陈圣德三端预防流弊疏》，咸丰帝将奏折怒掷于地。次年，又上《备陈民间疾苦疏》。同年生母去世，丁忧回籍。

此时太平军已攻入湖南，气势正盛。咸丰二年底（1853年1月），曾国藩接到帮办湖南团练旨。经郭嵩焘力劝，离家前往长沙，与湖南巡抚张亮基商办团练事宜。一月后，太平军攻占江宁且定都于此，改称天京。

曾国藩依靠师徒、亲戚、好友等复杂的人际关系，仿效已经成军的楚勇，建立了一支地方团练，并整合湖南各地武装，称湘军。咸丰三年（1853年）八月，曾国藩获准在衡州练兵，"凡枪炮刀锚之模式，帆樯桨橹之位置，无不躬自演试，殚竭思力"，并派人赴广东购买西洋火炮，筹建水师。

咸丰四年（1854年），发布《讨粤匪檄》，率师出征，不久在靖港水战中被太平军石贞祥部击败，投水自尽，被部下所救。休整后，重整旗鼓，当年攻占岳州、武昌。

　　咸丰帝大喜过望,令曾国藩署理湖北巡抚。然而,大学士祁寯藻进言,称"曾国藩以侍郎在籍,犹匹夫耳,匹夫居闾里,一呼,蹶起从之者万余人,恐非国家福也。"咸丰帝收回成命,仅赏曾国藩兵部侍郎衔。

　　咸丰六年(1856年)坐困南昌。9月2日,杨、洪内讧(天京事变),南昌解围。咸丰八年(1858年)5月,湘军攻占九江,气势颇盛;十年(1860年),湘军围安庆。

　　同治三年(1864年)7月,湘军破太平天国的天京(南京),对无辜平民展开屠杀与抢掠,当时的南京城被烧毁,平民死伤无数,南京人咸恨湘军,称曾国藩、曾国荃兄弟为"曾剃头"、"曾屠户"。7月,朝廷加曾国藩太子太保、一等侯爵。曾国荃赏太子少保、一等伯爵,引起曾与平定太平天国战功居次之湖广总督官文双方形成集团政争白热化。8月,奏准裁撤湘军2.5万余人。

◎文苑拾萃

寄　弟

（清）曾国藩

昔我初去家,诸弟各弱小。

阿季髫两髦,觑人眸子缭。

后园偷枣栗,揉升极木杪。

叔也从之求,捂我谓我矫。

分甘一不均,战争在毫秒。

余时轻别离,昂头信一掉。

瞥然成六秋,光明如过鸟。

世味一饱尝,甘心厌荼蓼。

梦里还乡国,沟徐苦了了。

朝企恒抵昏,夕思或达晓。

君诗忽见慰，回此肝肠绕。

生世非一途，处身贵深窈。

众方奔恬愉，圣贤类悄悄。

二陆盛波张，鹤唳悲江表。

夷齐争三光，岂不在俄顷！

我今寄好语，君其听勿藐！

一愿先知命，再愿耐僻摽。

冯玉祥买肉孝敬父亲

◎材无不可范而成。——宋 · 苏轼

> 冯玉祥（1882—1948年），民国时期著名军阀、军事家、爱国将领、著名民主人士。他曾被授予国民革命军陆军一级上将，蒋介石之结拜兄弟。

冯玉祥将军不仅是个著名的爱国将领，还是个孝子。他出身贫寒，迫于生活，12岁那年就入伍当了兵。

旧社会当兵可是个苦差事，当兵的经常发不上军饷，逢五逢十还要打靶。打靶更辛苦，不论是刮风下雨还是寒冬炎夏，在地上一趴就是大半天。

冯玉祥年龄小，身子骨单薄，父亲十分心疼儿子，每到打靶的日子，父亲总是想方设法给儿子凑几个小钱，叮嘱他买个烧饼充充饥。

懂事的小玉祥想：家里的日子本来就很艰难，不久前父亲又摔伤了腿，正需要补补身子，我怎能再要家里的钱呢？可如果不要，父亲就会生气。想想还是把钱接了下来。

但是小玉祥自有主意。他把父亲给的钱一个不花都攒了起来，过了些天，再将自己平时省下来的一点饷钱凑在一起，到肉店买了两斤猪肉，请了个假，回家给父亲烧了锅焖猪肉。

父亲干活回来，看到好久都没有尝过的香喷喷的猪肉，很是奇怪，质问玉祥这肉是怎么来的？

"爸爸，这肉既不是偷的，也不是抢的，您快吃吧！"冯玉祥微笑着说。

一向对儿子要求严格的老汉非要儿子说出肉的来历，不然就不吃。冯玉祥无奈，只好讲了事情的经过。

听了玉祥的话，老父亲一把拉过懂事的孩子，一句话也说不出来，眼泪扑簌簌掉了下来。

20年后，冯玉祥将军有次忆及此事，还是感慨万端，即兴写了一首打油诗：

> 猪肉二斤买回家，手自烧熟奉吾父。
> 家贫得肉良非易，老父食之儿蹈舞。

◎故事感悟

大凡成功者的背后都有一部心酸史，冯玉祥也不例外。我们从以上故事中看到冯玉祥在发达之前曾经有过的苦难与贫穷，但就是在这样的家庭生活中，我们却体会到他们的父子情深及父亲对他严格的要求。因此，冯玉祥在事业上的成功，一定程度上也归功于他父亲辛勤培育和严格要求的结果。

◎史海撷英

状元卖字

晚清时期，中国没有生产棉纺机的能力，要用机器就得从外国进口，价钱很贵，哪里能买得起？

张謇凭自己状元的身份，去找新任两江总督刘坤一（张之洞已被调任湖广总督），请求他给予支持。

刘坤一表示愿意支持，但又说拿不出钱来。过了些日子，张謇听说上海黄浦滩上摆着一批现成的棉纺机。他打听清楚这批机器的来历后，又去找刘坤一说："张大人担任两江总督时想要办厂，从外国订购了一批棉纺机。但是机器运来以后，他已经调走了。机器被江苏省署买了下来，可又派不上用场。现在机器日晒雨淋，已经生锈了。您就让他们把机器转让给我们用吧！"

刘坤一就命令徐州道桂嵩庆负责降价出卖。桂嵩庆对这些机器作价50万两，要张謇买下。

张謇说："我们连买地皮、造厂房的钱都无法筹措，哪有这么多买机器的钱？"

后来经过多次商量，才决定机器作价50万两作为官股，再由商人集资50万两作为商股，筹办工厂。可是张謇经过将近两年的时间，才筹集到13万两。

这时候，负责在上海筹款的几个董事又因为担心办不成事，退出了董事会。筹集资金的事就完全落在张謇的身上了。

张謇利用老关系去向张之洞、刘坤一求助，又通过认识的人向官僚、地主请求帮助，可多数官僚、地主认为购买土地和放高利贷既安稳又省事，对办工厂这个新鲜事物没有信心，不愿拿出银子。有的甚至讥笑他："身为状元，放着现成的官儿不当，兴办什么实业？真是自讨苦吃！"

虽然有少数人表示支持，但资金有限，已经购买地皮并开始修建的棉纱厂面临着停工告吹的危险。

张謇想尽一切办法，不惜吃大亏也要弄到钱，甚至向乞丐收容所、道士办的救济机关粥厂等处筹资，加紧修建厂房。有一次，他到上海集资，回来的时候连路费都没有了，只好写了好些条幅，拿到街上卖。"状元卖字"一时传为新闻。

◎文苑拾萃

不解的历史之谜

光绪三十四年（1908年），慈禧太后已经74岁了，常常感觉身体无力，头昏眼花。光绪皇帝虽然只有38岁，但是多年心情郁闷，孤独失望，加上身体一向病弱，也病倒在瀛台了。

这年十月二十一日，光绪帝竟没活过年老的太后，先死了；紧接着第二天，慈禧太后也咽了气。

皇帝和太后在两天之内先后死去，这就使人不能不怀疑其中有什么名堂。有人说，慈禧太后担心光绪皇帝在她死后会翻戊戌变法的案，就派人下了毒手。这种说法，也没有切实的根据。

慈禧太后统治了中国40多年，除了专制独裁、压制改革和挥霍享乐以外，最重要的是干了不少丧权辱国的事，所以她成了被后人痛恨的老太婆。

在死的前几天，她仍然紧抓大权不放，让只有三岁的溥仪继承皇位（就是宣统皇帝），让溥仪的父亲载沣（光绪皇帝的亲弟弟）当摄政王代行职权，而大事仍然要报告新的太后（隆裕太后）作最后决定。